盗案之谜

国玉劫影

寒江独钓 —— 编著

中国铁道出版社有限公司
CHINA RAILWAY PUBLISHING HOUSE CO., LTD.

图书在版编目（CIP）数据

国宝劫影：盗案之谜 / 寒江独钓编著. -- 北京：
中国铁道出版社有限公司，2025．7．-- ISBN 978-7-113-
32320-2

Ⅰ．K87-49

中国国家版本馆CIP数据核字第2025F79C63号

书　　名：**国宝劫影：盗案之谜**
　　　　　GUOBAO JIEYING : DAOAN ZHI MI
作　　者：寒江独钓

责任编辑：奚　源　　　电　　话：(010) 51873005
封面设计：郭瑾萱
责任校对：安海燕
责任印制：高春晓

出版发行：中国铁道出版社有限公司（100054，北京市西城区右安门西街8号）
网　　址：https://www.tdpress.com
印　　刷：天津嘉恒印务有限公司
版　　次：2025年7月第1版　2025年7月第1次印刷
开　　本：710 mm×1 000 mm 1/16　印张：14.5　字数：208千
书　　号：ISBN 978-7-113-32320-2
定　　价：88.00元

前　言

大江东去，浪淘尽，千古风流人物；故垒西边，人道是，三国周郎赤壁……

岁月像条大河，无数叱咤风云的帝王将相以及众多的风云人物，在人生的大幕缓缓拉上之后，他们的肉体回归黄土，他们的灵魂悄悄融到时间的长河中。他们所书写的辉煌历史和创造的奇迹都渐渐平息，然而他们却依然留下一些"遗迹"，让后人时时想起，这就是特定时期的"时代符号"，我们也可以称之为"国宝"或者"文物"。

国宝都蕴藏着中华文明传承和众多的社会经济文化信息。今人对古人的认识和考证结论，很多都是从这些历史遗留物中得来的，而某些特定的文物上所附加的信息更是人类文明的延续和发展，不仅为传承提供了灵感，还提供了最有说服力的实证依据。

除了这些因素，这些国宝还有一个更大的特点，那就是价值不菲。历朝历代都有盗窃国宝的恶行发生。大多数偷盗者知道自己的行为见不得人，一般都是隐秘悄悄进行，然而也有一些恶贼光天化日之下，明目张胆地大肆偷盗国宝，丝毫不在乎世人和后世的唾骂。无数国宝就这样被无情地盗走，最终不知去向，成为难以探寻的历史之谜！

中国是世界四大文明古国之一，而且是唯一文明史未曾间断的国家，文物丰厚，数量繁多，传承有序。然而，伴随近代中国的国力衰败、外敌入侵，清末以来大批国宝被以各种方式盗取，最终流失海外。据统计，在全球47个国家2000多家博物馆里，有超过百万件的中国国宝，而且都是精品，它们多数是在清末和民国时期被盗出去的。即便在当代，那些猖獗的盗贼依然不把法律放在眼里，为了自己的私欲肆意妄为，疯狂盗宝。

放眼历史，国宝被盗的过往系人心弦，国宝销匿的影踪引人追寻，一件件国宝掩埋了无数的尘封秘事，每一件国之重宝都值得书写一段传奇。本书主要对若干影响力大、知名度高的国宝盗案进行整理、发掘，诠释了其中的隐秘故事，讲述国宝被盗的迷局。比如：徐谓礼文书被盗案、科兹洛夫西夏盗宝案、清东陵连环盗宝案、故宫国宝盗案等。有些盗案已经被侦破，可是还有一些盗案至今仍存在诸多未解之谜，神秘、蹊跷、惊悚、悬疑，令人目眩神迷，欲罢不能。

本书通过对多个国宝盗案的追索，旨在唤醒世人去总结经验、吸取教训、加强文物的保护和传承，从而为中华被盗文物回归的早日到来做出努力。

作　者

目 录

■ 第八章　皇城风云——故宫盗案之谜

■ 第九章　与狼共舞——梁带村国宝盗案之谜

第一章 蝴蝶效应
——徐谓礼文书盗案之谜

自明朝以后，中国就有"一页宋纸，一两黄金"的比喻，证明宋纸文物的珍贵。然而，"徐谓礼文书"的横空出世，却令中国学术界无比震惊。一伙盗墓者无意中发现了徐谓礼坟墓，继而盗墓成功，盗得国家一级文物"徐谓礼文书"。在文物问世后的 6 年间，文书命运多舛，多次被打开给各路买主观看、鉴赏。幸运的是，文物直到被警方追回，它的整体品相依然完好，并没有受到太多的损害，不能不说是一件幸事。徐谓礼文书没有流失海外，其中最关键的一个因素是从一张照片开始的……

神秘的照片

武义县是浙江金华下辖的一个县，素有"萤石之乡，温泉之城"的美誉。武义始建于唐朝，距今已有1300多年的建县历史。这里山川秀美，物华天宝，历史悠久，人文荟萃。武义有全国历史文化名村俞源、郭洞；有国家级文保单位延福寺、俞源明清古建筑群；有历经 800 年风雨的江南廊桥——熟溪桥。唐代诗人孟浩然曾夜泊武义，写下了"鸡鸣问何处，人物是秦余"的佳句。宋代著名理学家朱熹、吕祖谦等曾在武义明招寺讲学，形成独树一帜的"明招文化"，说这里人杰地灵一点不为过。

2011 年春节刚过，武义县还沉浸在欢乐祥和的节日气氛里。春节期间，斗牛、道情、龙灯、抬阁等当地民俗正热闹地展演，各具风情特色，引人入胜，吸引来许多外地的游客。然而，武义县博物馆馆长董三军却有些心绪不宁，对窗外的喧闹两耳不闻，职业的敏感令他觉得有种莫名其妙的羁绊总是牵扯着他的心，让他茶饭不香。这种情况就是从年前有人辗转送来一张照片请他辨认真伪开始的，来人还说这段时间文物市场上有人正在为这张照片上的东西寻找买家。

董三军拿起照片端详，放大镜逐行逐字扫过，一股尊崇之情油然而生，他感到非常震惊。照片上是一幅铺开的卷轴，字迹工整的小楷整齐地写在泛黄的纸上，记录的内容很容易阅读，看起来，似乎像某位宋代官员的"履历表"，更像是一本工作日记。

"如果是宋代的，哪怕是一片白纸都罕见，价值连城，难道这真的就是宋代的纸质文书？"董三军被自己的想法吓了一跳，"不太可能吧？宋纸文物极其罕见，这么一大卷文书问世，要么就是假的，要么就是有了新的盗墓！"他下决心一定要把这件东西的真伪搞清楚，这件事在他心里就存住了。随着时间的推移，他越发觉得自己的判断趋向于这是真货，他需要一个更为准确的认可，才好为这件文物的命运做出自己的抉择……

2011年3月，浙江省文物考古研究所研究员、宋代历史文献专家郑嘉励应邀来到武义开展调研工作。董三军闻讯大喜，就在郑嘉励入住武义县的第二天，他就登门拜访。两个人略略寒暄几句，董三军就请郑嘉励帮忙鉴定一张照片里面的内容真伪。

董三军郑重地拿出照片，递过去："郑老师，您看看，这东西是真是假？"

都是做学术研究的，也都在各自的领域内多有建树，肯定是无事不登三宝殿！郑嘉励深知这个道理，见到董三军突然拜访，又拿出照片请他帮忙辨认真伪，就知道这件事非同小可。他接过照片，看了起来。就这么一张照片，郑嘉励看了足有四五分钟，他抬起头来，疑惑地看看董三军，想问什么，没开口。董

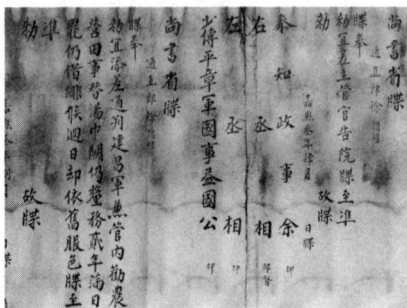

徐谓礼文书局部

三军立刻从自己的手包里掏出一个放大镜递过去。

郑嘉励接过放大镜又反反复复端详了好一阵子，表情忽忧忽喜，两眼似乎要钻进照片里看个究竟。他捏着照片陷入了沉思，嘴里喃喃细语，听不出他在说什么，他几次想从椅子上猛地站起来，又按住冲动重新靠在椅背上。董三军知道郑嘉励的思维已经到了水火相济、龙虎交会之际，照片内容的真面目就要显山露水了。他不敢惊扰郑嘉励的思考，他知道郑嘉励在学术方面造诣颇深，求是态度极其严谨，他对文物的定论可不是轻易下的，这不仅是对文物负责，也是对自己的学术和职业道德负责。

此时的郑嘉励已经胸有成竹，他自信对宋代文献涉猎颇多，成就斐然，当他看到这张照片时，内心的震撼无以形容，他的大脑里飞速地掠过无数念头，就像电脑中的 CPU 逐行扫描硬盘里存储的资料一样，他压抑着内心的激动，思路和视野回到了遥远的宋朝。

过尽千帆皆不是，此物究竟是何来？

现有的业内资料没有此物的一丝线索，这绝对是一个刚刚问世的"地下宝物"，渐渐一个儒雅的宋代文官的音容笑貌成形于他的脑海，虽然他没有立即下结论，但是内心中却已经对此物魂牵梦萦了。他痴迷地端详着，完全忘记了身边等待回音的董三军。

两个人痴痴呆呆地坐在椅子上，半天没动静，终于郑嘉励放下了照片，看着董三军。

"怎么样？是真是假？"董三军紧张地小声问。

全世界查无此人

郑嘉励一拍桌子，两眼放光："此物必属'真迹'无疑！据我所知，就是把全世界的宋史研究专家和学者请到一起，找到最好的工匠，也造不出这样的假文书！"

郑嘉励喝了口水说："最难得的是书法的形式。文书的书写完全是一种公文格式，造假者如果没有见到过一个真的'模板'，断难造出假来。

这个文书前所未见，史书上也没有相关记载，没有真品，何来伪作。另外，文书上的小楷字虽然不是高明的书法家所写，但是透露出那个时代的精气神，这也是今人无法模仿的。徐谓礼的官衔、委任状等历官材料要造出来，造假者必须有非常丰富的历史知识并熟悉当时的官僚体制，目前来看，全世界也找不到这样的一个人来。从动机上分析，完全找不到造假的理由。造假的目的是赚钱。这个徐谓礼不是什么名人，文书的内容一点也不风雅，极冷门，到市场上也不易出手。如果为了卖钱，那就写写唐诗，或者完全可以造司马光和欧阳修的假，再弄些风雅的句子在上面，不是更能卖个好价钱吗？"

郑嘉励指着文书照片，说："照片上面传递出来的消息非常丰富、翔实。比如'嘉熙三年四月，少传平章军国事益国公……'在这份由当时的'尚书省'签发的'任命状'（也就是'敕黄'）中，右丞相、左丞相的名字一一列出，如果是造假的文物，要恰好了解到那一年朝廷中丞相的名字，几乎做不到。我从业这么多年，看到的纸质文献不计其数，可是这份南宋的纸质文书，保存得这么完整，真的是前所未有的珍贵文物。你从哪里得到的这张照片？"

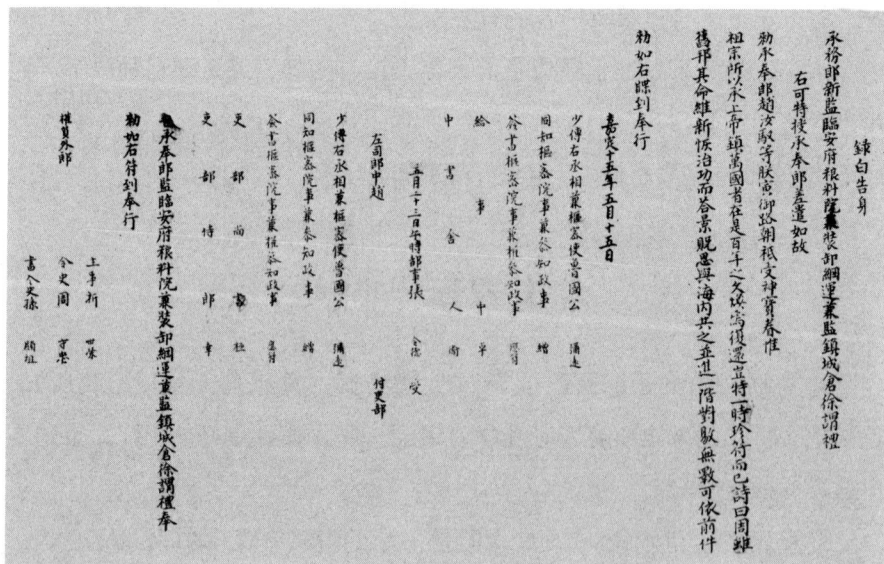

徐谓礼文书

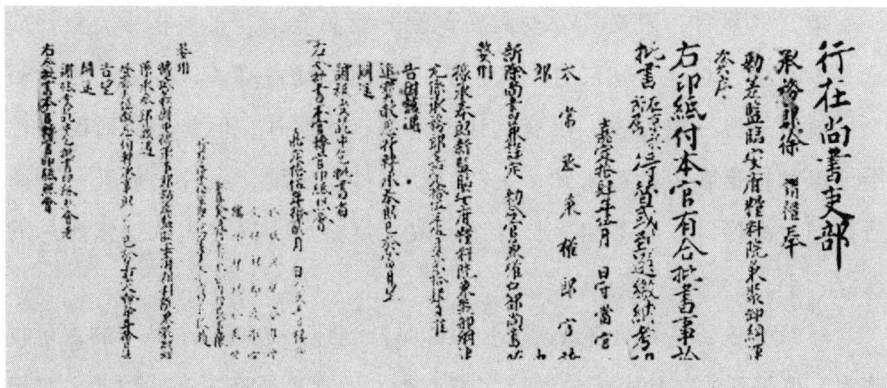

南宋珍贵文物徐谓礼文书

董三军说明照片的来历和自己的判断，两个人都肯定这绝对是又有新的盗墓文物出世了。慎重起见，郑嘉励又把照片发给中国人民大学历史学院教授、博士生导师包伟民。不多时，包伟民教授就打过来电话，他也认可郑嘉励的观点，认为文书绝对是真的。

看不出来，这张不起眼的照片里面的"文书"极有可能是国家珍贵文物！于是，郑嘉励当时就建议董三军赶紧报案，这将是浙江文物界的一大盛事。如果武义县博物馆能够收藏此物，必将是"镇馆之宝"。

哥有的是钱

第二天，董三军来到武义县公安局刑侦大队，把一张照片递给刑侦大队队长李浩，神情凝重地说："李队长，这照片中的物品，是南宋时期信州（今上饶市）知州徐谓礼的文书。这是一件珍贵的国宝，有可能是我们这里或者其他地方古墓葬中的珍贵文物被盗了。照片上的内容，我已经请国内专家帮助鉴别了真伪，专家仔细看了这照片，都认为这是一件南宋时期很珍贵的纸质文书，目前在国内还未发现保存如此完整的此类文物！前段时间，我从本地古玩收藏界人士手中获得这张照片，而且据说有人要出售它。这件事看起来已经发生很久了，再拖下去可能就会造成不可弥补的损失！"

接到报案后，武义县公安局立刻召开紧急会议，抽调精干力量，成立了专案组，对此立案展开侦查。为了避免惊动盗墓者，办案过程从一开始就对外界严格保密。仅有的线索就是这张照片，但是拍摄时间、拍摄地点和拍摄者目前都未知，无法判断案件发生地，案件的侦破一开始就如同大海捞针。专案组人员仔细研究了案情后，决定先从这张照片的来源入手。

根据董三军提供的信息，这张照片是从当地一个叫"小吴"的古玩收藏家手里得到的。侦查人员通过多方调查，发现小吴有正当的职业，有稳定的收入，他的业余爱好就是收藏古玩，与市场上玩古董的人接触较多，手里却没什么值钱的古董，充其量就是一个爱好者，其收藏品也都是国家法律允许范围内的。

专案组人员以买家的名义找到了小吴，与小吴的接触得知，这张照片是另外一个本地人给他的，很久以前曾向其推销过一些低劣的老"古董"。小吴对这个人也不是很熟悉。专案组通过对小吴提供的这个上家调查，发现此人并非古玩收藏者，而是一个二道贩子，平时靠"捡漏"赚个零花钱，他也是偶然从别人手里得到这张照片，但是连那人是谁都搞不清。

这条线索到此就断了，侦查人员只能另辟蹊径，以武义为中心，走访周边的古玩市场。为了扩大案件侦查线索，办案民警先后辗转了福建、安徽、江西以及浙江本省的一些古玩市场。功夫不负有心人，在走访了多地古玩市场后，蛛丝马迹终于浮出水面，侦查员发现这张照片曾多次出现在上述各地的古玩市场，显然有人在四处兜售这件文物。经过排查，最终的焦点聚在了一个叫"阿兴"的中间人身上。

阿兴，浙江永康人，专门做古董生意，是个行家，低买高卖，赚个差价，同时他也是一个收藏爱好者。然而，照片上的物品会在阿兴身上吗？为了防止打草惊蛇，侦查人员决定先不与其正面接触，从外围对阿兴展开调查。

通过多方调查，侦查人员发现，与阿兴联系比较频繁的人很多，但是大多数都是生意上的来往。经过多日的观察，侦查人员发现来自武义的程某最为可疑。专案组人员一边对程某进行秘密调查，一边安排一个外表很像"高富帅"的侦查人员乔装成玩家，通过中间人与阿兴联系，表示要买这件文物。

秘密调查很快有了收获，程某没有正当职业，游手好闲，平时与社会闲散人员接触比较多，也很神秘。近几年，程某突然对古董大感兴趣，而且他对古董文物进行了深入的学习，还学过易学相术、风水知识，好像很有目的。此时，另一边也传来消息，阿兴说自己只是中间人，程某手里有货，但是文书有很多卷，他们是分几个人存放的，程某手上只有一部分。

警方加大对程某秘密调查的力度，一个不经意的线索暴露出来。六七年前，程某曾经向一个打铁店定制过洛阳铲，这可是专门用于探墓的工具。所以警方初步确定程某有重大嫌疑。

随着侦查深入，一名杨姓男子也进入了警方的视线。此人与程某联系密切，每次两人见面，都会把门关起来，形迹十分反常。而杨某非常懂风水之道，平常会给别人看风水，有"风水大师"之称。警方随后又发现王某、汤某、徐某也与程某有联系，巧的是，警方又发现王某和汤某曾因盗窃文物被判过刑。

顺藤摸瓜，嫌疑人接连发现了 4 个，但是文物却一直都没有线索。在没有见到实物前，武义警方不敢贸然与程某等人正面接触，因为那文物是纸张类的物品，非常容易藏匿。一有风吹草动，又怕他们销毁文物。为了防止文物流到境外，警方和博物馆制定了很多套方案，最终决定直接"购买"，派人装扮成买家，以买文物的名义想办法见到实物。

由于程某每次与买家见面，带的都是文物的照片，那位乔装成酷爱古玩、又不差钱的"富二代"再次登场，他让中间人捎信给程某，以照片不能辨别真伪为由，要求程某带实物前来过目。

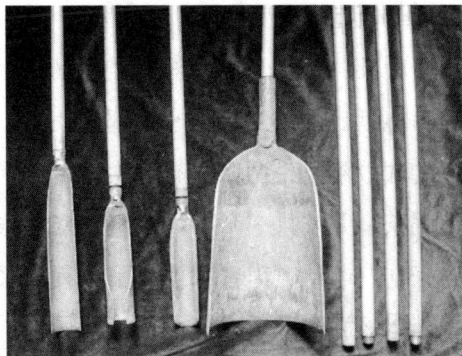

洛阳铲

如果确实是真货，价钱好谈，不差钱。

"你放了好几年，那些宝贝都要放坏了吧？"扮成买家的警察真真假假地套话。

"放心，保存得特别好。"程某说，"我们也不是傻子，文书拿出来的时候套着一层宣纸，外面还封着蜡。我们拿出来后也没有马上打开，就用黑色塑料袋包好，密封起来，隔绝空气，防止氧化。"程某对自己的技术津津乐道。

惹不起也躲不起

2011 年 7 月，程某带着一卷文书实物到上海。扮成买家的"富二代"看过实物后，当场初步确定该文物就是专家说的南宋时期"徐谓礼文书"。他表现出浓厚的兴趣，表示要看全套文书。程某说文书共有 13 卷，分别存放在 5 个人手里。如果要看全套，就得等下一次。

为将文物全部顺利追回，"富二代"同意了程某的建议，并表达了"要货"的诚意。程某很激动，他通过种种迹象，判断这个"富二代"确实不差钱，是那种烧钱的公子哥。于是，程某试探性地开口要价 120 万元。为了吊住程某等人的胃口，"富二代"考虑了一下，给出了一口价，表示愿出价 100 万元，但要求文书全部收齐才能一次性付钱。程某见钱眼开，同意了这个价格。但是他想索要一部分定金，"富二代"没有同意，叼着烟就走了。

程某回到武义后，对这个主动找上门来的买家有点担心，他便以各种借口拖延。办案人员周密地部署侦查、抓捕计划，但是对方非常小心，扑空的次数不是一两回。有一次，警方请了个中间人约程某到永康一家咖啡馆喝茶，并安排 3 个行动小组分别在路口守候，见机行事。那个中间人太紧张，打电话时声音都发抖了，程某很老练，说自己手里根本没有这样的东西。警方扑了个空。

到了 10 月，急于出手的程某等人终于按捺不住贪婪，表达了希望近日成交的意愿。鉴于买家提出的对 13 卷文书验货的要求，程某与杨某开始从其余人手中收回了分开存放的文书。

2011 年 12 月 28 日，专案组通过秘密侦查，发现文物已经相对集中在程某与杨某的手中。侦查人员还发现，程某曾将一包东西放在旅行袋里去了亲戚家，等从亲戚家出来后，旅行袋却没有了。侦查人员断定，文物就在程某的亲戚家和杨某家中。

专案组立刻展开收网行动，当晚，警方将嫌疑人程某、王某、汤某、杨某、徐某抓捕归案，并从程某的亲戚家和杨某家中搜到了 13 卷文书。为了确认文物的价值，在审讯进行的同时，警方连夜派专车带着 13 卷"徐谓礼文书"送到省博物馆进行鉴定。当专家们看到文物的时候，都惊住了，13 卷文书完好无损，纸张跟现在的牛皮纸很像，保存得非常好。经专家现场鉴定，此文物应属国家一级珍贵文物，具有重要的历史意义和科学价值。就在大家都以为"徐谓礼文书"终于功成圆满之际，武义警方发现这批文物还有一小部分流落在外。

在审讯过程中，警方发现这伙人分工明确、手法熟练，断定他们肯定不止一次作案，于是继续深挖，从中侦破其他盗墓案件。最后，程某等人的心理防线彻底崩溃，他们供述出"徐谓礼文书"的又一波劫难。因为当地收藏界普遍质疑文书真实性，所以程某等人长期未能出售。后来，这批"徐谓礼文书"曾被他们带到外地四处兜售，最后以 70 万元出售给北京的一个古玩收藏者。因为北京的这个买家在市面上从没看到过这样的东西，一时难以辨别东西的真假，事后又反悔了，要求程某等人还钱退货。

程某本想这是一锤子买卖，不想退钱，可是对方是个狠角色，程某知道惹不起也躲不起。于是程某等人只好退钱，但是他们已经花掉了一部分钱，只能凑齐 60 万元。北京买家退回了其中的 13 卷，扣留了其中的 4 卷文书，留下话有钱就来赎回去，没钱就算抵账了。遭到退货后，程某等人仍旧分开保管这 13 卷文书，过了段时间见无人知晓他们的盗墓事件，就拍了照片，四处寻找买家。也就是因为这张照片，引发了蝴蝶效应，导致他们的盗墓行为败露。

据程某等人交代，徐谓礼古墓不是他们探墓发现的，而是白白捡来的。此时，国宝"徐谓礼文书"盗墓案的经过终于全盘呈现出来……

天上掉馅饼

武义东郊的龙王山下，武义江浩浩荡荡奔流，山下江面开阔，舟舸泛流，鸟鸣相闻，江边钓鱼客和洗衣女随处可见，一幅世外桃源的优美景象。

2005年4月的一天，雨后，武义熟溪街道胡处村龙王山龙王庙一侧的小山坡上，十多个人正弯着腰挖笋。在散落的泥土间，偶尔能看到湿漉漉的泥土下有几块灰砖。如果没有盗墓者的眼光，寻常人肯定不会注意到地下的秘密，然而，这座墓却不幸遇到了一个挖笋的盗墓贼，再难以自保。原来有一座古墓被封土覆盖着，就深藏在地下，它的主人叫徐谓礼，一个南宋普通官吏，因为这场春雨，加上多年的水土流失，墓顶的灰砖露了出来。

这群挖笋人中，有一个30多岁的王姓男子，他的个子只有1.5米，却极显干练，而且是个"文物爱好者"。在武义、永康一带，有很多和他一样的文物爱好者，其中不乏盗墓贼，王姓男子就是其中一个非常有名气的盗墓贼。他可不是单兵作战，而是属于一个盗墓团伙，程某、杨某、汤某和徐某都是他的铁哥们。王姓男子本身并不擅长看"风水"，但是久病成医，他无意间发现了地下的秘密。他蹲在原地看了一会儿，心中就有了大概。泥土中露着一些砖石台阶，虽然有些破败，但明显是人为铺上去的，对盗墓很有经验的他立刻欣喜万分。

当晚，王姓男子就找了程某、杨某等人赶往墓地。几个人拿着事先准备好的洛阳铲，往地上戳去。七八下之后，铲子碰到了类似石板的东西，古墓就在他们的脚下。

很快，他们用铁锹挖了下去，砖砌的石室露了出来。石室整整齐齐，缝隙处用三合土填补，是个百分百密封的空间，也就是说，之前没有人盗过。他们拿着钢锥，锤头飞舞，没想到墓壁非常结实，费了很多力气竟然毫无用处。这个时候就看出王姓男子的"能耐"了，虽然他个子小，力气不大，但是他技术好，他不断改变角度和用力的方式，慢慢地把石壁砌合处凿出了一条小缝，沿着缝隙一点点敲打，终于打落一块石头。

一旦打开了潘多拉魔盒，剩下的事情就好办了。在王姓男子抽烟休息的时间，其他人已经开始扩大战果了。不一会儿，墓穴凿开了一个口子。

有人打着手电筒照射下去，一具紫红色棺木呈现在了眼前。随后，身材瘦小的王姓男子钻进盗洞，他拿出斧子，朝着棺木的一角用力劈了过去。不一会儿，棺材被砍开了一个口子。他爬进棺内，眼前的物品让他心跳加速：镇纸、砚台、私印……用衣服擦一擦，还能看出光亮。那一晚，盗墓贼将墓中的镇纸、砚台、私印全部拿到地面，还顺手把蜡封的文书也拿走了。当盗墓贼们洗劫完墓内物品后，天已经蒙蒙亮了，他们拿着"战利品"，悄无声息地回家了。为了不引起别人的注意，也为了互相牵制，这些东西，他们五人分头保存。之后，他们将盗来的文物秘藏，开始了长达四五年的"避风头"。

直到 2011 年，他们的盗墓行为也没有败露，他们才敢把这些宝贝拿

黄土之下的徐谓礼古墓

出来贩卖。镇纸、砚台、私印……这些物件一露面，买家都识货，"哦，是宋货！"很快谈拢价格，达成交易。唯独那 17 卷文书，百般推销，磨破嘴皮，就是没人要，着实让他们头疼。也有人出价几万想收藏文书的，程某等人觉得太亏，就忍着没卖。

这几年里，程某等人没少研究这些文书，他们把文书的蜡封拆开后，靠着一些古文知识，又拿来初高中文言文辅导材料看，他们琢磨着这些南宋时期的文书，好像记录的是一个官员的"履历"。这超出了他们的知识范畴，不知道 17 卷官员"履历"能卖多少钱。幸好分赃时，程某告诉同伙，17 卷文书分开卖就不值钱了，必须一起卖才有价值。

他们一度开价到 100 万元，到市面上找买家。可行内的一些玩家一听说是南宋时期的纸质文本，大家都质疑这宝贝的真实性。这玩意能保存到现在还这个卖相，肯定是假货。本地不识货，那就往外走，他们跑遍了附近的古玩市场一无所获，最后勇闯北京琉璃厂，误打误撞，最后竟然有一个买家出价 70 万买下了所有的文书。

程某等人把钱分了，不料没过多久，北京的买家突然联系上他们，极力要求退货。说北京的"文物专家"认为这些文书不值钱。他想当礼物送人，也没人要，因为文书上既没有名人印章，也没有名家落款。这个北京买家不想这些货砸在手里，非要退钱。

卖出去的东西和泼出去的水一样，哪能说退就退？但是北京买家也不是吃素的，胳膊拧不过大腿，程某等人最后还是妥协了，因为手里的钱花掉了一些。北京买家就把 13 卷还给程某，自己留下了 4 卷作为补偿。

徐谓礼文书的命运到此终于有了交代，于是，专案组成员再次加大马力，辗转于北京、安徽、福建等地，于 2012 年 7 月 5 日将已经流失在外的另外 4 卷徐谓礼"告身"文书追回。至此，17 卷徐谓礼文书的"告身""赦黄""印纸"三大部分共 17 卷终于完整地呈现在世人面前，可谓"破镜重圆"。

完整的"徐谓礼文书"终于呈现在世人面前，17 卷共 5 万余字，详细记录了从中央到地方、从低级到中级历官及其政务全过程，涉及中央制度的核心内容，是深入研究南宋中后期政治史乃至其他相关领域的第一手资料，实为前所未有的文献发现，意义非凡。南宋迁都临安，当时的浙江成为全国的政治、经济、文化中心，在历史上具有举足轻重的地位。然而，一直以来，浙江并没有发现太多重量级的南宋文物。徐谓礼文书的出土，不仅是浙江发现的最重要的宋代文物，而且也是国内宋史研究领域的大事，也是我国文献史上的大事。文物意义和文物价值巨大，被定为一级文物。

徐谓礼文书在地下埋藏了将近 800 年而不腐，确实是一个绝无仅有的奇迹。那么，这个徐谓礼究竟是何人？他的文书又是怎么被放入坟墓的呢？这就要重新梳理徐谓礼的人生轨迹了。

人生赢家

1202 年（南宋嘉泰二年），45 岁的武义人徐邦宪家里又添了一个男丁。他希望这个孩子长大后知书达理，就给儿子起名徐谓礼。他自小就对徐谓礼严格管教。当时，徐邦宪是南宋朝廷一个不可忽视的权臣。徐邦宪参加科举考试，曾考过礼部第一名，加上自己在工作中理事果断、善荐贤才，曾官至工部侍郎兼临安知府，也就是主管经济的大臣以及都城杭州的市长。这可是一个实力派官员。

徐谓礼是徐家的小儿子，从小，他就生长在地位显赫的书香门第。像当时大多数年轻人一样，他在少年时每日研习四书五经，以求科举博取功名。然而他并没有成功，几次科举考试都发挥得不理想，没能取得功名。在宋代，对于科举没有成功的"官二代"来说也不要紧，他还是可以依靠着父辈的地位关系，得到朝廷任命，获得一官半职。这种制度被称为"恩荫"，以示皇恩浩荡，让官员不用为儿子的前途费心费力。

官宦之家出身的徐谓礼，对这一套政治制度的每个微妙细节谙熟于心，他很清楚在官宦生涯里，有两个最大的障碍。首先就是"恩荫入仕"这顶帽子。在宋代，"恩荫"让很多"官二代"有了一个体面的未来，然而他们在政治地位上要比科举出身的官员低很多，他们中几乎没有升迁为高官的。另外一个，就是南宋臃肿的官吏编制。因为官位少、官员多，往往得到"恩荫"的官员受朝廷差遣后赴任，前任却还在岗，不得不等到他离职后才能正式上任；运气不好的，一个职位有好几位"恩荫"官员排队等着上任。更有运气不佳的，熬到白头也没能轮上做官。

徐谓礼的第一份"恩荫"工作是在临安府粮料院当承务郎。这一年徐谓礼 19 岁，他的人生刚刚开始。在南宋 30 个级次的官阶中，承务郎是排在最末尾的从九品，比周星驰在电影《九品芝麻官》里的饰演职位还小了一点点。

那时南宋最大的对手是金，兵戈之争一直不断。兵马未动，粮草先行，南宋不得不重视粮食问题。临安府粮料院分管官俸和军饷。徐谓礼虽然阶次很低，但幸运的是，这个年轻人被分配在了一个重要部门，这就可以做出点成绩让领导嘉奖。相信在南宋与金不断的交战中，徐谓礼所从事的"粮食供应工作"一定是关系到战争全局的重要环节。

然而接下去的 34 年里，徐谓礼的仕途却起起伏伏，简单来说，他竟然从朝廷部门调到了地方部门，然后又从低级官员升到中级官员，当过苏州吴江县的县丞、南京溧阳知县……一直到江西信州知州、福建市舶兼知泉州。徐谓礼一生共升迁了 12 次，最后的品秩为从六品。

让徐谓礼引以为傲的是，在他的一生中，共有三次因政绩出众而受赏升迁，对于"恩荫"出身的官员来说，这种破格提拔非常难得。然而，这并没有帮助徐谓礼名垂青史，史书上对他没有任何记载。他对后世最大的影响，或许就是为著名奸相贾似道写了保状。在那个时代，举荐亲朋好友当官很正常，徐谓礼文书的"官员绩效考核表"，一共 80 则，31则为徐谓礼为亲友所写的各类保状，其中一则的作保对象就是贾似道。

因为徐谓礼举荐，贾似道走上仕途，但日后位高权重的贾似道，早忘了当初提携自己的徐谓礼，并没有对大他 11 岁的徐谓礼涌泉相报。

1252 年，徐谓礼人生中最后一份任命书交到了他手中，"提举福建市舶兼知泉州"。当时，泉州是南宋最大的港口，也是全世界的贸易中心。徐谓礼接到任命书后，就做好了上任的准备，然而泉州知州却赖在位子上不走，徐谓礼就只好也赖在信州知州位置上不走。两年之后，53 岁的徐谓礼就因为急病带着遗憾离开了人世。直到去世，他仍然没能赴任，还是坐在信州知州的官位上，没有等到泉州知州的离任。

徐谓礼的后人，将他与先前去世的妻子一起埋葬了起来，地点就在他的老家，武义熟溪街道胡处村龙王山上。除了一些简单的罐罐瓦瓦和他的日常用品之外，就是他本人从官以来的来往文书和"工作日志"了。此外，他的后人还请人在纸上誊写了徐谓礼一生的委任状及考核表。这是对他官场生涯的全部记录，也是对他人生的总结。

"徐谓礼文书"共有两张卷轴封纸，一题"录白敕黄"，另一题"录白印纸"，即在墓葬中文书被蜡封包裹成两卷；除敕黄与印纸外，还有"告身"。"徐谓礼文书"实际内容包括"录白告身""录白敕黄"与"录白印纸"三部分。

"录白告身"两幅，宽均为 36.5 厘米，第一幅长 508 厘米，第二幅长137 厘米。经观察可知，长达 508 厘米的第一幅告身录白实际系由三卷文书拼接而成。

"录白敕黄"一幅，长 348.2 厘米，宽 39.5 厘米，经观察，系由七卷文书黏合而成。估计应由盗卖者黏合，所幸各卷时序未至错乱。由此可见，这些盗墓贼也是做了很多功课的，也不见得全是草包。

"录白印纸"是"徐谓礼文书"的主体，十二幅。完整记录了徐谓礼从嘉定十四年（1221 年）以承务郎被拟注监临安府粮料院起，至淳祐十二年（1252 年）以朝散大夫知信州，近 30 年间历官的"印纸"，即徐谓礼一生历官所有的"考核表格"、为亲友所写的各类保状，包括官阶升

徐谓礼墓穴

迁、被委任差遣、治绩考核、帮放请给（发放俸禄）、其母过世时依制丁忧守丧等。

后人把这些文书用蜡封好，放在徐谓礼的棺材内，封好墓穴。岁月如梭，徐谓礼很快淹没在时间长河中。直到 2005 年，一次挖笋的意外发现，几只刚打造不久的洛阳铲，5 个各怀鬼胎的盗墓贼，将这件国宝重见天日。

一页纸一两金

从明代开始，收藏界就有"一页宋纸，一两黄金"的说法。"徐谓礼文书"是我国自近代史学创立以来首次从墓葬中发现的宋代文书，震惊了史学界。在徐谓礼文书被发现之前，学界已发现的关于宋代的纸本文书有二：一是根据宋代公文纸印本《王文公文集》背书整理而成的《宋人佚简》；另一是根据黑水城发现的西夏文书中整理而得的《宋西北边境军政文书》。

《宋人佚简》所收录的文书有两类：一类是官员、文士之间交往、酬酢的礼节性书启，约占五分之四，相同的书启因在宋文人集中已有大量存世，因此并未引起学界的过多关注；另一类是公牍，为绍兴末隆兴初舒州的官府公文，其中主要是地方酒务行政管理制度的细节资料，但数量有限。《宋西北边境军政文书》是宋代西北边境鄜延路（今延安）军政活动的原始记录和公文档案，主要反映北宋中后期西北地方军政活动资料，但数量有限，其所反映的信息也局限于西北一隅。因此这两种宋代文书都有明显的局限性。

徐谓礼文书则不然，它记录了南宋中级官员从朝廷到地方、从低级到中级历官及其政务全过程的细节，全面地反映了南宋中后期政治史乃至其相关领域的第一手资料，比前两种文书更全面、更深入，涉及中央制度的核心内容，实为前所未有的文献发现！

2012 年 4 月 6 日，浙江省博物馆的 12 名专家齐聚武义，对徐谓礼古墓再次进行考究和鉴定。徐谓礼墓穴的外表是个小土堆，隐藏在草木之间，要不是盗墓者带路，很难发现。

经过考古发掘，徐谓礼墓是夫妻合葬墓，男左女右。墓中出土了徐谓礼夫妇圹志（墓志）两通，确定原先对文书为徐谓礼墓随葬品的推断是完全正确的。徐谓礼与妻子林氏的墓室结构特点是三合土填筑，石板密封，棺木保存完整。三合土主要材料是熟石灰、黏土和沙子，作用与现在的混凝土相似，三合土填实后还进行了勾缝浇注，完全成了一个密封盒子，严丝合缝，防水防气防压。

墓的坚固程度也超出了考古人员想象，发掘清理时，需要五六人用撬棒和粗大的木棍，才能把覆盖在墓室上的石板撬开。墓穴内部，得用电钻才能凿开，而出土的棺木，需要 8 个成年男子才能抬得动。不难想象，盗墓者的本事确实"令人惊奇"，他们 5 个人在夜色中，靠着简陋的工具，抽几根烟喝几瓶水的工夫就能打出盗洞，实在不可思议。

这次发掘清理是为了配合破案而进行的抢救性发掘，如果是完全意义上的考古发掘，一定能成为全国考古十大发现之一。

"裸奔"的文书

徐谓礼文书穿越 800 年后仍能不毁不损，还能华丽亮相，首先是因为它在墓里保存得好。在这样一个完全密闭的空间里，不光墓葬严实，文书也很严实，它被卷起来后外面包着宣纸，然后是一层封蜡，保护层多，都起了作用，才成就了这惊世奇迹。

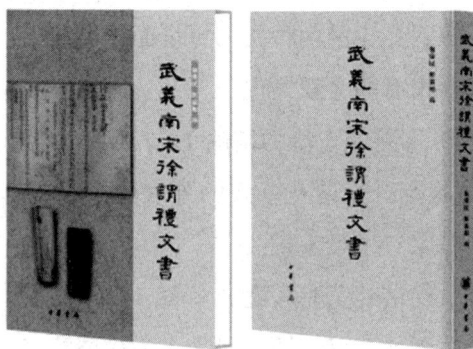

《武义南宋徐谓礼文书》图书封面

因为墓葬密闭，文书完全与外界隔绝，墓穴生成了一个独特的保存环境。800 多年的封闭，使文书上的气味一时难以消散。即便现在把它打开来，气味还是很重，一打开就能闻到一股臭味。不过，纸文书能保存得这么好，还是让所有人大感意外。

通常来说，考古发掘出土的这类文物，要进行杀菌，然后保存在恒温恒湿的环境之中，才不至于遭受更大的损害。而徐谓礼文书却无比神奇，它被盗墓者挖出来之后，在没有任何防护的情况下放置了 6 年，完全处于一种"裸奔"的状态。这 6 年间，程某等人还多次打开来给买主观看，但是，一直到今天，它整体品相依然完好，并没有受到太多的损害。除了墓葬结构、蜡封密闭这两个原因之外，纸张质量优异也是文书得以保存的重要原因。

2012 年 10 月 8 日，包伟民和郑嘉励合作编著的《武义南宋徐谓礼文书》一书由中华书局出版。该书对徐谓礼文书的学术价值、性质、内容作了全面介绍，还包括文书的全部图片。这本书已经成为宋史研究领域被引用率很高的一本书。

如果不是董三军、郑嘉励、包伟民这几位学者的责任感和严格的治学态度，如果没有警方的深入追查，这批文书或许永远不可能这么完整地聚在一起，或许再过几年，我们会在这儿见到一张，在那儿又看到一张。这样的文物一旦散失，就很难再聚首。这 17 卷国家一级珍贵文物，如今被放在武义县博物馆保存。博物馆如果达到恒温、恒湿、杀菌的条件，这些文书将被公开展示，届时国人会有一睹其尊容的机会！

第二章　一夜蒸发
——史孔和盗案之谜

在新中国成立 10 周年前夕，中国历史博物馆竣工并交付使用，内部布展工作紧张地开始了。因为展陈方案涉及中华五千年历史，年轻的新中国政府对此非常重视，并定于 1961 年 7 月 1 日建党纪念日正式对外开放。然而，就在此时，一件珍稀的西周青铜器——史孔和不翼而飞，成为中国历史博物馆失窃的第一件文物。之后，这件案件的侦查一直在高度机密的情况下进行，侦破的细节一直鲜为人知。那么，是谁躲过了森严的警卫，将史孔和据为己有？

战天斗地

1958 年的中国，经历了抗美援朝、大规模的社会主义改造和"一五"计划建设，虽然新中国仍然处于西方国家的经济、政治、军事封锁与夹击之中，但此时经济建设和国防建设已初具规模。尤其是抗美援朝的伟大胜利，不仅实现了保家卫国的目的，而且极大地提高了中国的国际地位。中国人民第一次感受到"站起来了"的豪迈之情。第三世界的国家纷纷把目光转向中国，他们急切地想从这里学习和借鉴经验。

审视当时的首都北京，基础设施还比较缺乏。北京没有像样的火车站，也没有像样的博物馆。全国人大、政协开会也没有固定场所，国际友人下榻之地大多比较简陋，等等。

1958 年 8 月的北戴河会议上，中国政府确定了兴建十大建筑，是迎接国庆十周年庆典的伟大工程。当时，周恩来总理亲自审定设计方案，专门委派国务院一位副秘书长负责联系工程建设事宜。"要古今中外，一切精华，皆为我用，中国人民之所以伟大，就因为我们能吸取世界一切好的东西。"

　　1958 年 9 月 5 日，时任中共北京市委书记处书记、副市长的万里在市政府会议上，传达了中央关于筹备国庆十周年庆典的通知，要求在国庆十周年之前建好人民大会堂、中国革命博物馆、中国历史博物馆、军事博物馆、民族文化宫、农业展览馆等十大建筑。短短 3 天之内，北京的 34 个设计单位，包括梁思成等来自 17 个省市的 30 多位顶级建筑师，全国各地 10 万建设大军投入此项巨大工程。在那个战天斗地的火热年代，十大建筑很快竣工并投入使用。

　　十大建筑之一，中国历史博物馆（现在更名为中国国家博物馆，简称国博）就位于天安门广场东侧，东长安街南侧，与人民大会堂东西相对称，历史与艺术并重，是集收藏、展览、考古、研究、公共教育、文化交流于一体的综合性博物馆。

　　为适应新的历史形势，在中国历史博物馆建筑的过程中，文物征集工作就有序展开了。全国的地方博物馆以及社会各界人士纷纷捐赠文物，极大地丰富了馆藏。其中有一件来自青岛市的一级文物史孔和就很引人注意。国宝史孔和的到来，填补了中国古代计量、农业领域内的许多空白，让工作人员非常振奋。关于它凄美的来历，也让首次购买它的人无限感叹。

我就想换一袋粮食

　　解放战争后期，国民党反动派苟延残喘，经济上肆意掠夺，通货膨胀异常严重，导致国内物价飞涨，物价指数是战前的 1.2 万倍。在投机分子的捣乱下，人民生活必需品——粮食、油盐等生活用品不仅短缺，而且价格不稳定，这就给老百姓的生活带来极大的困扰。

有一天，一个颤颤巍巍的老妇人走进了青岛市贸易行。这是一家老字号贸易行，经营的种类很多，但是在这个时期，除了一些生活必需品，也没有什么其他的项目需要经营的。粮食是一切生存的基础，来青岛贸易行的人大多数都是买粮食的。

这个老妇人进来之后，四处打量，最后来到柜台前，小心翼翼地问："经理，我没有钱，就有个物件，我家男人说可以换粮食，你们给换不？"

一个头发斑白的经理接待了她，"老太太，怎么称呼您啊？是什么物件拿给我看看吧。"

"我家男人姓王，半年前过世了，两个儿子好多年前也死在打日本人的战场上了，男人走之前告诉我生活不下去的时候，这个物件可以换粮食吃！"老妇人无力地说道。

说着，老妇人从随身携带的米袋子里拿出来一个物件摆在柜台上。经理足足看了5分钟，才抬起头问："王太太，这东西是怎么来的？"老太太说是祖传的，不知道叫什么名字，反正是老物件，男人生前可珍惜这个东西了，年头不短了，要不是没粮了，还舍不得卖掉呢。

经理见是个好东西，又知道不是赃物就敢收了，他问道："王太太，你想换多少粮食？"

"我也不知道，能换这一口袋粮食就行？"老妇人举着手里的空米袋可怜巴巴地说。

经理走到后面的办公室里，和老板商量了一会儿，回来对老妇人说："俺家东家可怜你孤苦一人，答应给你换粮食，你这一个口袋的粮食也吃不了多久，这样吧，东家给你10袋米面，我找个车给你一起送回去，你看可好？"

"给我10袋粮食，你们真是活菩萨啊！"老妇人说着就要下跪。

经理连忙扶住她，一边让一个伙计把老太太的物件抱到东家办公室里去，一边命令其他伙计搬了10袋米面放在车上，然后让一个敦厚的伙计跟着车送老妇人回家。这个老妇人千恩万谢地走了。东家走了出来，经理连忙走过来说:"东家,您才是好人啊,这 10 袋粮食现在可比金子都值钱啊!这年月谁还要这玩意啊!"

东家望着远去的老妇人背影说:"哎,可怜这妇人,两个儿子战死沙场,又没了老头,我这样做,也算是为抗日英烈的家属作点贡献吧!回头你找个行家认认这个物件,看看是个啥东西?"经理连忙应付着,东家叹了口气:"什么时候是个头啊?不知道还能坚持多久?看好咱们这个摊子,走一步看一步吧!"说完,东家离开贸易行去隔壁喝茶了。

过了一个多小时,伙计回来了。经理又问了几句话,这件事就过去了。一个月之后,有个行家给出了一份答案,这个王太太拿来的物件是个不可多得的宝物,这件文物名为"史孔和",是 3000 年前西周时期的,青铜质地,体积不大,高 7.5 厘米,直径 11 厘米,制作很精致,看上去像个球形带把手的水盂,内底面刻有大篆体铭文:"史孔作宝和子子孙孙永宝用"。史孔和价值连城,用 10 袋米面换一点也不亏。此后,青岛市贸易行把收购的史孔和视为珍品。

不久,解放战争迅猛发展,青岛解放了。贸易行的东家和经理都看到新中国的变化,他们踊跃投到新中国的建设中来。东家和经理总觉得当时亏欠了老妇人,便和伙计回去寻找,想再补偿给老妇人一些粮食,可惜老妇人已经因病去世了。邻居们都说,多亏了那些粮食,王

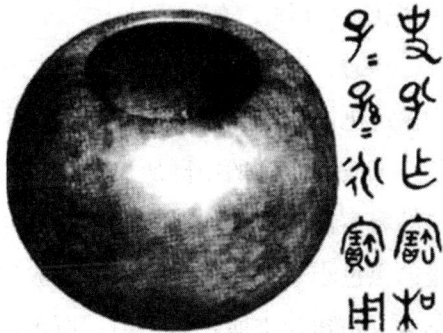

史孔和

太太晚年才不至于饿死,最后的丧葬费还是靠她剩下的最后 2 袋米面办的。东家和经理带着惋惜离开了,不过他们也稍许心安了,毕竟老妇人还是靠着他们给的米面没被饿死。

跳跃的鸡毛掸子

又过了几年，北京市特艺公司振环阁门市部得知了史孔和的信息后，与青岛市贸易行商洽，有意收购史孔和。青岛市贸易行只好忍痛割爱，把史孔和卖给了振环阁门市部。振环阁门市部于 1957 年 10 月 28 日把这件宝贝送进了故宫博物院。故宫博物院立即把它陈列在西周青铜器馆内。史孔和因铸有"史孔作宝和子子孙孙永宝用"这一西周特有标志性铭文而身价陡增。它很可能是西周法定量器。考古学家郭沫若、夏鼐等都称它可与著名的商鞅量、秦权秦量、汉尺等量器相媲美，是中国计量史、农业史上一件不可多得的文物。

1959 年 6 月，即将竣工的中国历史博物馆筹备征集文物的时候，故宫博物院把包括史孔和在内的遴选出来的珍贵文物一起调运到历史博物馆新馆，陈列在西周展厅 32 号展柜里，等待开馆的时候与世人见面。一切准备工作都在进行，只待中国历史博物馆正式开馆，那一定会让全世界的中华儿女扬眉吐气的。

1959 年 8 月，举世瞩目的新中国成立十周年大庆筹备工作日渐升温，中国历史博物馆的准备工作进入最后的冲刺阶段。8 月 14 日上午 9 时许，位于天安门东侧的中国历史博物馆门前突然增加了岗哨，十几个全副武装的警察出现在博物馆里。不一会儿，两辆公安部和国家文物局领导乘坐的黑色小轿车先后风驰电掣般驶来，停在博物馆大门口。几个人神色异常，匆匆走进博物馆大门。原来博物馆内发生了一起盗窃案，丢失的国宝正是史孔和。

一个小时前，扎着两条辫子、穿着工作服的保管员小魏像以往一样出现在历史博物馆奴隶社会馆西周文物展品厅里，她习惯地手舞鸡毛掸子，边打扫边清点展柜里的文物。她的工作量很大，必须一丝不苟，每天的清点也是她的分内工作。

当小魏弯腰清点 32 号陈列柜子里的文物时，数到第 16 件时，她愣了一下，记忆里这里摆放的文物应该是 17 件，怎么数到第 16 件就没有了？

小魏蹲下身来仔细查看，只见陈列柜里的每一件文物都对应着一个说明牌，16 件文物配有 16 个说明牌，并无多余的说明牌，难道是自己记错了？小魏回忆着以前工作的细节，没错，32 号陈列柜里应该有 17 件展品。如果是正常被移走一件文物，她应该会得到通知，而且昨晚下班之前并没有这样的事发生。

小魏急忙跑回位于故宫端门的办公室里，从档案柜里拿来展品清单一一核对后，不禁大声喊了起来："史孔和！史孔和不见了！"

第三只手

北京市公安局文化保卫处值班室接到了中国历史博物馆保卫科科长齐军打来的报警电话后，文化保卫处的高克、李岩处长率张政等 9 名侦查员赶到现场。紧接着，公安部三局的领导和侦查员也赶到了现场。

勘查现场的时候，高克处长发现摆放史孔和的展柜并未加锁。再观察

如今的中国国家博物馆展柜安全防盗

周围，文物虽已入柜，但是不少展柜的玻璃还没来得及装上，那些价值连城的宝贝就那么无遮无拦地摆在那里。

这不是胡闹吗？高克本想发出疑问。齐军主动介绍说，因为布展的时间紧张，赶制的展柜还没来得及安装玻璃就被运来了。为了抢时间，只好摆放文物和安装玻璃同时进行，这几天，安装玻璃的工人都在加班加点工作。不过，玻璃安装工都是经过严格的政治审查的，都是穷苦大众出身，非常可靠。博物馆内部工作人员管理也很严格，并且，新馆防守严密，配有荷枪实弹的解放军战士警卫，本馆工作人员进入必须向警卫战士出示证件。齐军的说法，似乎表明这起盗窃案不是内部人员做的。

经过反复调查，警方认为：历史博物馆新馆内部安全防范措施非常严密，不熟悉内部情况的人很难入馆作案。特别是西周社会文物展厅走廊东侧正在修建电梯，搭有脚手架，为安全起见，西周社会文物展厅走廊里特别临时安排了警卫战士昼夜看守，外贼绝对进不来。最后，警方还是认为这起盗窃案是内部人干的。

高克处长认为，盗贼的目标好像很明确，仅盗走了32号展柜里体积很小的史孔和，并连同说明牌一起拿走，这符合内部了解情况并懂得文物价值的人作案的特点。如果是不懂行的窃贼所为，他怎么会想到连同说明牌一起拿走呢？

当晚，北京市公安局副局长安林等领导听取了案情汇报，研究决定成立侦破组，会上还给案件定了性：内部人员作案。于是，侦破组对13日下午6时30分至14日晨案发期间留在新馆内的43名内部工作人员逐一进行了排查。

排查结果是，案发的时间段里，唯独赵桐蓁有条件直接接触32号展柜。因为那天赵桐蓁在新馆内值夜班，进出过展厅，完全有作案的可能。另外，在西周社会文物展厅走廊里执勤的战士也证实，案发的当夜，除了值后夜班的赵桐蓁进入过展厅外，西周社会文物展厅内再无其他人进出。

赵桐蕤，29岁，1958年到历史博物馆，任文物征购组的征购员。据了解赵桐蕤的人回忆，赵桐蕤挺讲究吃穿的，还好占小便宜，曾经贪污过集体的菜金和粮票。在文物部门工作的这段时间，赵桐蕤还算态度认真，但是他个人历史上的污点，不得不让警方怀疑。

侦破组还分析推测，赵桐蕤具备作案动机，他虽有妻室，但生活上不检点，与大华电影院工作的一个漂亮女子经常出入酒楼饭店，靠他的工资是维持不起那种消费的。也许赵桐蕤小偷小摸的恶习并没有改正，这一次又伸出了他的"第三只手"。

可是，尽管赵桐蕤有作案动机，也有作案时间，但侦破组却缺乏足够的证据：也许是小魏的鸡毛掸子把展柜掸得纤尘不染，也许是盗窃者擦拭了展柜，刑技人员未能提取到指纹等物证。并且，小魏的喊声招来不少工作人员前往现场查看，导致现场被严重破坏。

为了尽快破案，也为了防止史孔和外流到其他省市或者流向海外，公安部发往全国公安系统两大麻袋史孔和照片，大约70公斤！上面印着"公安部通报：A级特急绝密要案"。这段时间，公安人员天天加班加点，讯问、外出调查，熬夜成了家常便饭。公安部曾计划淘干金水河，因为考虑到罪犯无处隐藏赃物，极度恐惧，有可能把史孔和扔进金水河。后因淘干金水河耗资不菲，动静太大没有实施。

三个月过去了，侦破组苦于找不到突破赵桐蕤的证据，史孔和案仍然是个谜。

这不是败坏俺的名声吗

日历在侦查员的忧心忡忡中翻到了1960年，历史博物馆开馆进入一周年倒计时。这年4月，北京市文化局组织下属各单位一些人到顺义县牛栏山公社前桑园村劳动锻炼一年，赵桐蕤亦在其中。不料，下乡时间不长，这次锻炼的队伍中竟然闹起了贼，毛巾肥皂之类的玩意儿转眼间就没了踪影。那时候，这些按票供应的东西都是极为稀罕的，连连丢失着实令人气愤。

1961 年春节前夕，劳动锻炼的队伍里又发生了一起偷盗事件：一个宿舍的四个人的箱子被撬盗，丢了一块瑞士马威牌手表、一个"象牌"矿石收音机、两条枕巾、一双毛袜子、一小捆毛线和一块香皂。因为干部下乡，都是借住在老百姓的家里，为了不影响与当地村民的关系，下乡队的队长王树礼和前来调查的民警都告诫大家，在没有调查结果之前，谁也不许外传宿舍被盗这件事。

可是，不知谁把丢东西的事情透露给了房东大嫂。这下捅破了天，房东大嫂认为，这么大的事儿出在自己家里，是对自己清白的玷污。房东大嫂找到村党支部书记哭诉："我家祖辈是规矩人，出了这种事儿，让我一家老小的脸往哪儿放呀？这不是败坏俺的好名声吗……"

村支部书记听了房东大嫂的诉说，异常生气，这件事调查不清楚，这让城里的人怎么看待他们这些村里人。他反复问房东大嫂有没有小孩子到过她的院子里，村里人都有谁去过她家。最后村支部书记启发房东大嫂说："会有叛徒隐藏在群众中，你好好想想，在你家住的人里有什么行为反常的人？"

房东大嫂擦了一把泪，絮叨了半天，突然说："对了！出事儿那天早上，那个叫赵桐蓁就挺怪的。"她回忆说，那天早上她进了那间宿舍，想打扫一下房间，却看见赵桐蓁神色慌乱地站在屋里。大嫂问他："你怎么还不去干活？"赵桐蓁连忙从房柁的钩子上取下自己的提包，摆弄着说："我的提包拉锁坏了，想修一修再去干活。"房东大嫂越说越生气，她认为就是赵桐蓁偷的，说着就要回去找他理论。

村支部书记连忙拽住她，让她听候组织处理。然后，村支部书记叫来队长王树礼，把情况告诉了他。王树礼脑袋一发热，忘记了民警让他暂时保密的叮嘱，他把住在房东大嫂家的人都叫了回来，当场把赵桐蓁的箱子和被褥统统检查了一遍，不想却什么也没找到。赵桐蓁得理不饶人，非要和队长理论此事，弄得队长很狼狈。

两天后的晚上，有个人躺在炕上睡不着，突然他看到宿舍顶棚上有一个破洞，就问旁边的人谁弄的？大家都说不知道，这个人就起身想拿报纸堵上这个洞。结果他在堵的时候，感觉里面好像有东西，伸手一摸，发现破洞里藏着一团报纸，报纸里包着的正是被盗的手表和矿石收音机，还有其他几样东西。显然，窃贼还没来得及把赃物转移出去，这说明就是屋里住的人干的。毫无疑问，这个内贼被惊动了，顶棚破洞里的赃物他没敢转移。

这个宿舍里住了十多个人，没办法确定是谁偷的，失主拿回了失物，这件事就过去了。

一泡尿冲出个贼

1961 年 2 月 14 日，是集体返城探亲的日子。天还没亮，赵桐蓁也和大家一样忙碌着，捆着自己的行李。过了一会儿，他独自走到了院子里，见四下无人，大步跨到柴堆旁，弯腰扒开柴堆，拿起了一样东西准备揣进怀里。

突然，赵桐蓁的身后传来声音："赵桐蓁，你干什么呢？"

问话的是邱关鑫，他正好撒完尿从厕所里出来，无意间看到了这一幕。

"没……没干什么，我撒尿。"赵桐蓁很随意地甩了甩手，然后走向茅厕。

邱关鑫早就怀疑赵桐蓁，屋里的人也听到了他的话，此时就有其他人出来，大家嘀嘀咕咕着，打着手电筒往柴草堆里一照，见是一块枕巾。不大会儿，就有一个人说，这是自己前些日子丢的那块，刚用了 2 天就被偷了。

在大家的质问下，赵桐蓁不得不把其他的东西也从院子的各个角落里掏了出来，香皂、毛袜子和毛线立即被它的主人们认出。人赃俱获，赵桐蓁低下了脑袋。最后，他也承认了，天棚上面的那些赃物也是他盗窃后隐藏的。队伍炸了窝，当即召开批斗会。会上宣布，马上快过春节了，大家抓紧时间回城，赵桐蓁要作深刻检查，听候处理。

消息很快传到赵桐蓁所在单位博物馆，博物馆立即把这件事通告了警方，侦破组决定两案并审，直接向赵桐蓁"要"史孔和。可是，一连几天的审讯，赵桐蓁只对眼前的盗窃行径认账，对史孔和案矢口不谈，硬扛着。

在一次次审讯，一次次攻心大战中，赵桐蓁的谎话已经不能自圆其说了。

2月18日上午，赵桐蓁彻底崩溃了，老老实实地交代："史孔和是我偷的，被我藏……藏甗的肚子里了。"

预审员押着赵桐蓁来到历史博物馆文物库房西墙下的一尊西周青铜器"甗"前。"甗"是古代炊具，相当于现在的蒸锅。"甗"有的连体，有的分体，眼前这尊是分体的，半米高。赵桐蓁搬开上半部甑，露出宽敞的"肚子"鬲，史孔和就被藏在里面。

赵桐蓁交代说，1959年8月13日晚上差5分钟零点时，他到新馆来接班。他知道，新馆里的每一件东西都价值连城，最近花销太大，他的工资根本不够用。为了和相好的女人继续花天酒地，他必须再想个来钱的道。当他停在32号陈列柜前，眼睛盯着史孔和时，他思想斗争了一会儿，最后决定下手。

赵桐蓁蹲下身子，用右手拿出柜里的史孔和及说明牌，装进兜里，然后双手缠上手绢，把柜里其他文物摆放匀称，快速退了出去。溜回值班室后，他把史孔和装到自己的书包里，放在桌子底下。

翌日早晨，赵桐蓁交班后，背上自己的书包，出了历史博物馆新馆的西大门，直奔端门老馆办公室，掏出史孔和，用报纸包好，小心翼翼地塞到文物柜后。

案发后，侦破组和博物馆的领导多次找赵桐蓁谈话，赵桐蓁心里明白自己被怀疑上了，他试图把史孔和放进同事的文物柜里，转嫁他人，可又怕反而暴露了自己。

几天后，赵桐蓁往新馆的文物库送箱子时，发现有间库房的门没上锁，里面放着许多文物和箱子，在西墙下摆着一尊半米高的西周青铜器甗。

赵桐蓁心里一动，把赃物藏在这里太保险了。第一，不用害怕警察

国宝劫影：盗案之谜

搜查文物柜了；第二，文物管理规定很严格，一般情况下，甗决不允许拆分，不拆分就肯定发现不了史孔和，等风头过后，再伺机取出来拿走，史孔和就归自己所有了；第三,万一有人在甗里发现了史孔和，也会误认为忙于布展的时候放乱了，也不会怀疑到自己头上。

于是第二天一早，他把史孔和悄悄藏进了甗的"肚子"里。就这样，史孔和尽管失窃了，实际上却安然无恙地在甗的"肚子"里睡上了大觉。后来，法院以盗窃国家一级文物的罪行，判处赵桐蓁无期徒刑！

有人认为判得有点重，但是在博物馆全体大会上，时任国家文物局局长的王冶秋斩钉截铁地说："不！我认为，赵桐蓁是罪有应得！博物馆员工监守自盗，是文博界的奇耻大辱。此案祸国殃民，党和国家领导人跟着着了多少急，操了多少心。我们一定要杀一儆百，我可以如实告诉大家，如果他有谋利企图，就一定要判处死刑，格杀勿论！"

1961 年 7 月 1 日，中国历史博物馆新馆按时开馆，失而复得的史孔和被摆放在原来的位置，迎接人们的观赏。

史孔和藏身的"甗"

第三章　神探出马
——莽权盗案之谜

王莽画像

王莽为西汉外戚王氏家族的重要成员，其人谦恭俭让，礼贤下士，在朝野素有威名。西汉末年，社会矛盾空前激化，王莽被朝野视为能挽救危局的不二人选，看作"周公再世"。不料王莽扫清了一切障碍后，初始元年（公元8年）十二月，他逼迫孺子婴禅让后称帝，改国号为"新"。为了巩固统治，王莽进行了一系列的改革。可是，王莽新朝（公元8—23年）很快灭亡，和新朝有关的文物流传下来的极为罕有。不料，一个偶然的机遇，新莽权衡竟然问世，而且全国唯此一例，是极为稀有而珍贵的一级文物……

隐藏得很深

说到莽权，就不能不提到王莽。两千年来，王莽身上的骂名史不绝书，尤其是白居易诗"周公恐惧流言日，王莽谦恭未篡时；向使当初身便死，一生真伪复谁知"，一语道尽了后人对他的评语。虽然在这漫天讨伐声中也有微弱的几个声音，似乎想从公允的角度去评价王莽，但这些声音多是出于感情因素，实在缺乏足够的论证。

首先，王莽为便于弄权，不肯立年岁较长的君主。汉哀帝死后两个月，他才迎立中山王刘衎为帝，史称汉平帝。当时，汉平帝只有9岁。其次，为了讨好太皇太后王政君，让她在不知不觉中主动交权。王莽对王政君极其恭顺小心，无微不至。见王政君久居深宫，厌倦宫廷的单调生活，不时怂恿她出巡四郊，巡游时带些钱财随便赐赏给一些孤儿寡妇，以使境内的穷苦百姓都来歌颂太皇太后。他还封给王政君的姐妹以爵位，把最好的采邑分给她们。一旦自己专权擅政，达到几乎和皇帝相等的威势时，他又耍了一个最后的花招，让合朝公卿大臣联名上奏，说太皇太后年高体弱，不宜继续参与政事，哪怕是一件小事也不应该管。于是，王政君只得把全部大权渐渐都交给了王莽。

汉平帝长到14岁那年，已稍稍懂事了。他最愤恨的是王莽不让他母亲进京，拆散他母子俩，加之专横跋扈，从不把皇帝放在眼里，所以，他在王莽跟前常流露出愤恨的神色。王莽怕平帝长大后不受控制，便下毒于酒中，把平帝毒死。这以后，又拖了3个月，立了年方2岁的刘婴做皇帝。这一切，已入垂暮之年的王政君自然无力过问。

立刘婴之后的第3年，即公元8年，王莽假借天象，发动朝臣上奏太皇太后，让她出面立王莽为帝。王政君生气地拒绝了。但是，她哪有什么力量阻止王莽篡位呢？不久，王莽自立为帝，国号"新"，要王政君交出传国玉玺，以表明自己称帝的正统合法地位。这块玉玺原是秦始皇用得来的和氏璧刻制的，刘邦入咸阳后，秦王子婴将它奉献给刘邦，于是传国玺在汉宫内世世相传。汉平帝死后，因刘婴太小，玉玺便由太皇太后收藏，放在长信宫内。王莽命自己的堂弟安阳侯王舜进宫去向太皇太后强行索要。

王政君明白王舜的来意后，怒骂道："你们父子家族，蒙受汉家厚恩，富贵累世，不思图报，反乘人之危，抢夺汉家江山，毫无情义可言。像你们这种人死了连猪狗都弃之不食！你们既然自立为新皇帝，就该另制新玺，何必用此亡国不祥之物！我是汉家的一

王政君画像

个老寡妇，垂死之人，死了也同这块玉玺一块儿埋葬！"

她一边哭，一边骂，左右侍从宫人，也都流下了眼泪。王舜跪在地上，又惭愧又难受。他沉默了一会儿，抬起头来对太皇太后说："臣等也无话可说。只是如今新皇帝一定要这块玉玺，太后怎么可能保得住它呢？"

王政君心想，王舜这话说得倒也中肯，王莽是不会甘心的。她怕受到更大的胁迫，只得取出玉玺，恨恨地摔在地上，骂道："我是将死的人了，知道你们兄弟一定是会灭族的！"玉玺就这样被磕掉了一角。王政君怎么会想到，正是她自身，促成了王莽篡汉的可悲结局。王氏一门，因她而出了五个大将军，十个侯爵，使西汉末期外戚专权，国家权柄倒持。

王莽得了玉玺，高兴极了，他命人用黄金镶补缺损的一角，"金镶玉"这个词就是这么来的。

"神一样的手段"

王莽得到传国玉玺后，立即宣扬"托古改制"，假托《周礼》设计推行了一系列改制，史称"王莽改制"，冀以摆脱严重的社会危机和挽救统治阶级。王莽改制推行了多项新的政策法令，综合概括就是"五均六筦"。

客观说，"五均六筦"政策有着一定合理的成分，有着调节社会经济结构和社会贫富分化的积极意义，确有为普通民众利益着想和限制社会上层贵富集团剥削压迫太甚的考虑。这些政策有着明确的抑制兼并作用，通过政府对工商业进行垄断经营和强力管制，把原先主要掌握于社会上层贵富集团手中的盐铁酒经营、山林川泽、商业贸易等利益，夺归国家掌握。王莽以"齐众庶，抑并兼"标榜实施这些政策，并非完全是官样文章。曾经有人这样点评王莽：一个超越了当时社会结构的治国安邦政策，一个"神一样穿越时空"的矛盾集合体。

"五均六筦"政策若能有效实施，也能较好地缩小贫富差距，缓和社会矛盾和阶级矛盾，促进社会稳定。但是，真实的情况则是王莽的改制有点超前，脱离了实际，既得不到官僚、富豪的支持，也没让农民真正得到

王莽时期的卡尺

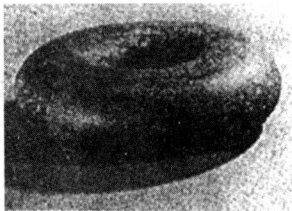

新莽铜权环

利益。不仅损害了社会下层广大劳动人民的利益，而且损害了社会上层贵富集团的利益，越来越激化了社会矛盾和统治阶级的内部矛盾。

王莽本人既是开国之君，又是亡国之君，新朝仅仅存活了15年，是中国封建帝制时代最短命的王朝之一。王莽改制最终失败，弄得民怨沸腾，随之政权崩溃瓦解。历史的巨手很快抹去王莽留下的痕迹，化作一缕轻烟消失在历史的长河中。在西汉末年战乱和东汉彻底清算王莽流毒的大潮中，和王莽改制有关的物件幸存下来的少之又少。

王莽秉政时，为了满足其托古改制的政治需要，他征集当时学识渊博、通晓天文乐律的学者百余人，在著名律历学家刘歆的主持下，系统考证了历代度量衡制度，完成了中国历史上规模最大的一次度量衡制度改革。这一改革取得了两个方面的成果：其一是建立了我国古代最系统、最权威的度量衡学说，这一学说的主要内容被收入《汉书·律历志》，成为历代考订度量衡制度的理论依据；其二是监制了一批度量衡标准器——新莽权衡，为推广其度量衡制度提供了实物样板。

新莽权衡一共8件，在8件新莽权衡器中，"权""衡""钩"均为衡器，其中"权"形皆似圆环，相当于后世磅秤的砝码，自3斤、6斤、9斤、60斤至120斤不等；"衡"状如同横梁，中部有纽，一端悬"权"，一端挂"钩"，用于称物，三者合一，与现代天平相似。新莽权衡在研究新朝的历史文物中具有举足轻重的地位。可是后世只知有此事，不见此物，更不知道新莽权衡是什么样子。

可是，谁也不曾想到，竟然有一整套王莽改制的标准度量衡存活下来。不知道是谁悄悄把它埋在了黄土下，历尽沧桑，等待被世人发现的那一刻。这套有幸保留下来的莽权成为目前唯一的西汉—新朝时期的标准度量衡。

200 个警察有没有

时光飞逝，转眼 1900 多年的时光匆匆而过。

1932 年 7 月的一个清晨，甘肃兰州民众教育馆外忽然警笛声大作，5 辆响着警笛的福特大轿车呼啸而来。

"出大事了，快去看怎么回事？"路边的群众立刻追着车跑过去，凑热闹是很多老百姓的最爱，尤其是看到警局里仅有的 5 辆警车都出来了，就知道这个案子肯定是个大案子。就在老百姓一窝蜂跟在后面跑的时候，一阵整齐而有节奏的跑步声从身后传来，原来是 200 多名背着长枪的警察跑步而来。老百姓急忙避让，这群警察满头大汗地从街中央穿过，尾随着警车而去。

这么一来，老百姓更加兴奋了，"走啊！去看警察破案啦！"真是一呼百应啊，瞬间聚集起几百人，大呼小叫地跟着警察的队伍追了上去。

5 辆警车全部停在民众教育馆的门外，十几个身着便衣的侦缉已经进入大门，只有 2 名资深探员模样的人守在门口，等着那 200 多名荷枪实弹的警察到来。不一会儿，大队人马赶到现场，两个侦缉便指挥警察将教育馆铁桶似的包围了起来。

"怎么了这是？"

"进了小偷了呗……"

"这里有啥值钱的，还值得一偷？"

"你懂什么，别说了，快往前挤，在后面啥也看不见！"几个老百姓边议论边往前挤了过来。

兰州民众教育馆因为某些官方和民众捐赠的原因，存放了大量甘肃地区出土的彩陶、石斧、瓷瓶、龟骨甲片等文物，其中最重要的便是 6 件青铜器莽权（四权、一钩、一丈）。教育馆里的文物整体名气虽然不是很高，但是这 6 个物件可是无价之宝。莽权不是一套 8 件吗？怎么民众教育馆只有 6 件呢？那 2 件去了哪里？

愤怒的小鸟

兰州警察局的局长刘肯身材魁梧，头脑灵活。这天他本来是要去省府参加一个地方水务纠纷联席会议的，一身黑色的中山装让他显得很有精神，虽然已经时年50岁，但是看劲头和30多岁的人差不多。早晨，他刚要出门，电话就响起，局里值班的警察通报了教育馆被盗的案情。

按理说，这种盗窃案不需要他亲自出马，可民众教育馆是警察局重点看护的对象，因为那里面有6件世所罕见的文物。此外，兰州的实力派人物杨慕时还曾委托他多多关照那捐赠的莽权，这次被盗的偏偏就是这莽权。刘肯立即下令所有的警察立即出动，他的车也改变方向奔赴民众教育馆。在快到达民众教育馆的最后一条大街时，从警局赶来的另外4辆车和他的车汇合到一起，就有了前面的一幕。

5辆车风驰电掣地开到民众教育馆，刘肯急匆匆地走进大门，后面跟着一大群侦缉队员。推开门，只见盛放莽权的玻璃柜已经变成了一地的玻璃碎片，6件莽权丢失了5件，只剩下最重的那件铜权，孤零零地躺在墙角。刘肯看着一片狼藉的被盗现场，愤怒地大叫："敢在我的地盘下手，活得不耐烦了，给我仔细查，我倒要看看是哪个龟孙竟敢盗窃莽权！"

随行的侦缉队员立刻轰然响应，他们分散开来，各忙各的。有2名拿着勘查现场仪器的队员也走进屋里，仔细地收集线索。

刘肯喊来馆长，盘问失窃的情况。馆长一脸愁容，心情极差，他边回忆昨天的游客情况边介绍被盗的莽权。

刘肯打断他的话："莽权就不用介绍了，我知道这个东西，这是咱甘肃人的骄傲！你放心，有我在，这东西没不了。挖地三尺我也把这个贼揪出来。你们的人都好好回忆一下，最近有什么异常的事情，一会儿白探长挨个问话。"

刘肯这样重视莽权，颇让馆长惊讶，毕竟隔行如隔山，看来刘局长对文物保护还是很在乎的，难得啊！究竟是哪个丧心病狂的贼盗走甘肃人的

"心头肉"？莽权在民众教育馆保存有一段时间了，已经成为这里的镇馆之宝了，忽然丢失真的令馆长一下子失去了主心骨。

蹦跳的兔子

民众教育馆能拥有莽权，这还得从5年前甘肃定西巉口村讲起。

奔流不息的黄河从甘肃定西流过，滋养和孕育了伟大的中华文明。巉口在西汉时不仅有繁荣的商贸，而且有发达的文化，同时也是汉代丝绸之路上重要的中转公文书信的驿站。在那黄土之下，以巉口为中心的南北不到15公里的区域内集中了上百座汉墓群，有些墓的规格较高，出土文物珍贵，按汉代丧葬制度，此种规格只有官宦或贵族阶层才能享用。说明在当时的巉口，必有名门望族存在，也必定设有一定级别的官署。后来，考古工作者在巉口还先后出土"五铢""货泉""大泉直一"等品类

五铢钱

繁多的汉代钱币。另外，在巉口汉代遗址内出土了大量铁器、铁渣和牛、羊、马等畜类的骨骼，说明当时农业、畜牧业、手工业和商业都得到了较大发展。在巉口汉代村落遗址内，砖瓦遍地皆是，说明当时有一定规模的地面建筑，可以想象，当时店铺林立，车水马龙，是何等繁华热闹。

然而，在这些历史遗迹没有被发现之前，1927年的巉口村只是定西一个贫穷荒凉的小山村，放眼望去，尽是累累的黄土沟壑。有风吹过，沙尘飘扬，时间的尘埃将这片土地上的历史人文痕迹全部掩埋了。没有人知道这里的土地下竟然还有一个神秘的世界。

在崎岖的小路上，一个左手提筐、右手拿铁铲的小男孩走了过来，他叫秦恭，13岁，穿着补丁摞补丁的衣服，一看就知道是穷苦人家的孩子。穷人家的孩子很早就要劳动，为家里作贡献。秦恭今天是出来挖野菜的，这样就可以贴补一家人的饮食需求。

黄土岭上野草丛生，因为很多小孩子都出来挖野菜，所以野菜也不

是那么好挖的。秦恭越走越远，来到一个名叫荒草沟的地方，这里来的人少，不一会儿，他就挖了半筐野菜。突然，他看到远处有一只灰色的兔子在吃草，如果能抓住它，晚上就可以吃肉了。

秦恭小心翼翼地走过去，他蹲低身子，猫着腰悄悄地凑了上去。野兔就在他前方三四米的地方，秦恭放下铁铲和野菜筐，就在他一跃而起准备一把抓住野兔时，野兔机灵地一跳，向沟底窜了过去。

秦恭从地上拾起两块土坷垃，紧追了过去，从小放羊练就的甩石头的本事这回就用上了。他一边追，一边甩出土坷垃击打野兔。这只慌不择路的野兔躲闪了几次后，不小心被一块划着弧线飞来的土坷垃砸中，一瘸一拐地窜进了沟底的一个小洞里。

秦恭扑到洞口前，看样子不会太深，他用一条腿挡住大半个洞口防止野兔冲出来，然后伸进手去抓兔子，可是没抓到兔子，却摸到了一个圆溜溜、凉飕飕的东西。秦恭吓了一跳，趴在洞口往里看，这个圆溜溜的东西形状很像个圆圆的烧饼，边缘竟有一立掌厚，可是中间却是空的。秦恭以为是宝贝，又惊又喜，于是用手扒开洞口的土，把这个物件拿了出来。那只野兔在里面急得乱跳，后腿乱蹬，在野兔的脚下，又出现了一个圆溜溜的物件。秦恭兴奋地大叫，双手继续往下挖土，土很松，最后竟被他挖出了一个大洞。秦恭趴下身子，钻进洞口，一把抓住野兔的身子拽了出来，然后从衣襟上扯下一个布条，捆住兔子的四条腿。今晚有肉吃了，秦恭别提心里多高兴了。

看着脚底下这个物件，秦恭忽然想，是不是金子啊？他钻进洞口，又拽出来一个物件，这个好重，估计有十来斤。他摆弄着这两个物件，研究了一会儿，觉得质地和家里的老黄铜烛台很像，但也不能肯定一定就是铜的。

秦恭盘算了一下，把拽出来的两个物件重新塞进洞里，把土堆在洞口，看了看四周，记住了方位，拎着野兔离开了。他先是回去找到筐，然后美滋滋地往家跑。

"鬼画符"

　　秦恭一路飞奔到家里，村里的人都以为他是抓到了野兔才这样欣喜若狂。回到家，他的父亲正在修理手推车，秦恭迫不及待地对父亲说："爹，我在荒草沟那儿挖出来两个东西，好像是铜的，也好像是金子！里面好像还有好几个，都挺沉的，我拿不动。"秦恭的父亲一愣，喜上眉梢："二娃，你说的是真的吗？快带我去看看。"

　　很快，秦恭的父亲推着手推车走出家门，两个人压抑着激动的心情匆匆赶往荒草沟。来到荒草沟后，秦恭很快找到了那个洞口。他的父亲忙用铁锹挖土，不一会儿，挖出来一大堆乌黑沉重的金属物件。秦恭的父亲看了一会儿，遗憾地说："娃，这是老青铜啊，也值不了几个钱！"数了数，大大小小一共8件，堆在那很大一堆。这8件青铜器共分3种形状：一种是长条形的杆状（横、丈），共有两根，两尺多长的方形铜杆上还刻着一些"鬼画符"；一种是钩状（钩），上端是个方块，中间有孔，下面弯成钩；另一种是圆溜溜的饼形（权），共有5件，一个比一个大，最大的竟有60多斤。

　　父子二人将它们堆放在独轮车上，用绳子捆好，两个人吃力地推到家中。

　　这是一些啥东西？闻讯赶来的乡亲都来观看，可是没有一个人知道这是何物？为确定这8件青铜器的价值，秦恭的父亲拿着一根刻有"鬼画符"的长条形铜杆，直奔前清秀才沈老师的家。

　　沈老师是村子里最有学问的人，在巉口村的小学教书，他看罢那些"鬼画符"，知道是铭文，可一个字都不认识。秦安国心想，既然沈老师都不认识铜杆上刻的东西，那铜杆自然就没有多大的价值。于是，他失望地回到家里，顺手将铜杆丢进了柴火棚子，叹口气说道："外财不救穷人，真是白忙活一场了！"

　　于是，价值连城的一级文物——莽权就被撇在了秦恭家的小院里。看热闹的村民也失望地散开了，这种铜玩意哪家没有，看来，秦恭家的祖坟还是没冒青烟啊！

秦恭把这些乌黑的圆溜溜的东西当成玩具，在土院子里滚来滚去。这些青铜器先还立在房子里面的墙角落里，后来要收拾房子，大人们嫌它碍手碍脚，便把这几根铜杆连同那些厚厚的铜环一起扔进柴火棚里。从此，8件莽权就跟枯草、马粪为伍了。

少一个子儿不卖

8件青铜器在柴火棚子中躺了7个多月。年底的时候，在兰州城中当学徒的秦让回到了家里。秦让是秦恭的哥哥，因为在兰州一家商铺里做伙计，久经历练，长了不少见识。他看见柴火棚子里那8件沉甸甸的青铜器，不由心想，乡下人不识货，城里人可是喜欢买这些古怪的东西，如果将它们运到兰州，没准就能卖个好价钱。

秦让和父亲商量了这个事，他的父亲觉得这些东西放在院子里也没什么用，推到城里说不定还能卖几个大洋，就同意了。秦让便将这8件青铜器放到架子车上，和秦恭一起，一大早就赶往兰州。100多公里的路，他们走得很辛苦，中途还在大车店里住了一夜，第二天傍晚时分，终于来到兰州城内的古玩一条街上。

达雅轩古玩店的店主马实斋本打算打烊，忽然看到来了两个拉着架子车的乡下人，心里一动，就迎出门来询问。秦让见遇到买主，就打开盖在上面的草帘子。马实斋就着铺子里的亮光摆弄着这些青铜器，心里没底，

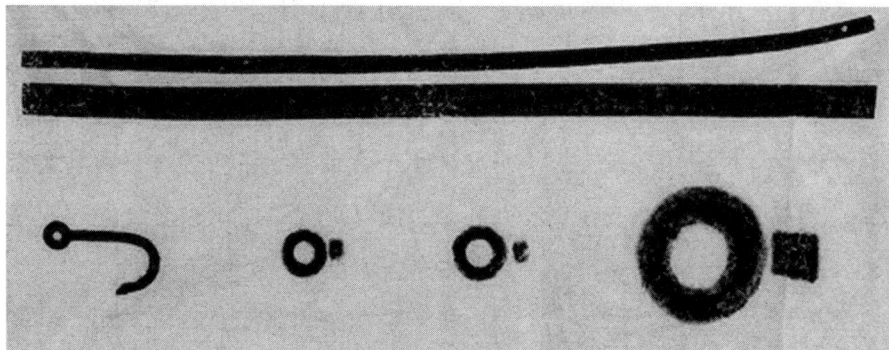

莽权铜杖朱拓

虽然他无法确定这8件文物的价值，但他在文物收藏行业摸爬滚打了多年，知道凡有铭文的青铜器一定会有些来历。他有心收购这8件青铜器，但又不想出高价。马实斋经商多年，对付秦让这样的毛头小伙子自然绰绰有余，就连连摇头贬低这些青铜器。秦让知道这是商家常用的压价把戏，他也会这些手段，于是就说算了吧，你没诚意，我们去别人家看看。

马实斋装出很豁达的样子，连说："天这么晚了，想看也得等明天了，今晚你们不如先找个地方住下，明天再谈，我相信这条街没有谁出价比我高。"秦让犹豫了一下，问马实斋："老板，您能给多少钱？"

马实斋见秦让上钩了，便继续一番贬低，他令秦让错误地认为这8件青铜器根本不值钱。最后，马实斋伸出2个指头说："20大洋！"

秦让想了一想："老板，您还是不想买，100大洋您都有得赚。"

这小家伙看来不好对付，马实斋连说现在收文物的行情整体看低，最多也就值30大洋。秦让推车就想走，他觉得50大洋都没问题。

马实斋见扛不住秦让的执拗，担心这笔生意告吹，便狠狠心开出了40大洋。秦让还价80大洋，马实斋见附近的几个古玩店老板正走过来看热闹，那些人都是机灵鬼，说不定会和他争抢这个生意，便主动开口说可以出60大洋，并对秦让说："小伙子，我可是地地道道的生意人，有些人可是吃肉都不吐骨头的，别说给你60大洋，就是把你的东西给吞了，随便给你安个罪名你什么也得不到。"

秦让已经很满意这个价格了，他当即成交。这8件青铜器秦让得到了60大洋，这让他们兄弟俩开心得不得了。当时在甘肃，5大洋可以买一头大水牛，一个大洋可以买一担米。60大洋对秦家来说，可是笔巨款了。他们还以为自己占了个大便宜，谁曾想3天后马实斋一转手，便以10倍的价格卖给了兰州古董商张寿亭。

张寿亭在兰州城经营古玩多年，可谓手眼通天。他得到这8件青铜器后，并不

新莽铜权

急于出售，而是先将消息透露给北平的古玩商朱柏华。半个月后，朱柏华来到兰州，为了慎重起见，他先用500大洋买走了一根铜杆（衡）和一个铜饼（权）两件青铜器带到北平，后经琉璃厂尊古斋古玩店的专家鉴定，此青铜器为"莽权"，是王莽篡位称帝建立大新朝政权后，为统一天下而制定的度量衡标准器，也可以称为"王莽秤"，曾经认为莽权早已绝迹，如今看来当属无价之宝。这8件文物虽是铜制，却比黄金还要珍贵十倍。没几天，琉璃厂尊古斋古玩店就以5100大洋收购了朱柏华手中的2件莽权。

朱柏华见有利可图，就想尽快返回兰州收购剩余的6件莽权。但是，有人比他下手更快。他还没动身，已经有一个神秘的电话打到了兰州。很快，有几名外国人开始和张寿亭接触，他们极力想要买走莽权。

时任甘肃建设厅厅长、实为大军阀的刘郁芬手下有一个旅长叫杨慕时，此时正驻守兰州城，他听到了这个小道消息，为了避免国宝流失，他立刻命令手下的士兵拿着800大洋找到张寿亭，连哄带吓购买了他手中剩余的6件莽权。在那个有枪就是王的年代，张寿亭怎敢不卖。就这样，实力派杨慕时成为6件莽权的新一代主人。事后，张寿亭觉得有点卖亏了，四处找关系，想讨要回来。一来二去，杨慕时买莽权的事就没有不知道的了。

回家抱孩子去

时隔不久，冯阎大战展开，刘郁芬部要奔赴前线参战。作为主力旅，杨慕时部被紧急调往陕西。杨慕时本欲携带那6件珍贵的莽权离开兰州，可是他还未带兵离开军营，一条新闻突然在《兰州日报》上披露：国宝莽权何处去？文中暗中指责杨慕时欲将莽权带离兰州，极有可能卖给外国人。

兰州城中顿时群情激奋，学生们高举横幅，上街游行，百姓们也都不答应，军营驻地和省府都出现了围观的群众。杨慕时也不辩解，将那6件珍贵的莽权直接捐赠给兰州民众教育馆。这么一来，证明了自己并非贪图国宝，而是为了保住莽权。

从那时起，莽权就一直保管在兰州民众教育馆，并且正式陈列展出。

这一消息一传开，便吸引来无数观众和研究者。于是，这6件莽权既是甘肃人民重点保护的对象，也是兰州警察局随时照看的目标。如今莽权被盗，督管民众教育馆文物安全的警察局局长刘肯不仅无法面对杨慕时的重托，更无法向兰州民众交代。

刘肯喊来办案经验丰富的白探长，严令白探长在兰州城中掘地三尺，也一定要将盗宝窃贼逮捕归案。白探长知道局长的脾气，如果这个差事办不好，自己肯定会受处罚。交代完下一步的工作后，刘肯乘车离去。

白探长舒了一口气，命令在场的人仔细搜查，不许放过一个线索。随后他又命令在外围站岗的警察挨家挨户调查，寻找一切有用的消息。

现场留下的作案痕迹很多，但是有价值的线索并不多。根据教育馆大门完好无损，没有被撬的迹象，围墙上却有翻越和刷蹭的痕迹，白探长推断，莽权很重，普通的窃贼根本无法将它们从容盗走，那么只有两种可能：一是盗贼力气很大，而且还会功夫；二是有内鬼帮助，伙同窃贼一起盗窃。

白探长一边在教育馆内部挨个录口供，一边迅速将兰州城中的大小蟊贼过筛子似的查了一遍。一时间，鸡飞狗跳，只要是在局里挂了号的贼，全都被审了一遍，可是却没有查出半点蛛丝马迹。

2天后，白探长走进局长办公室。刘肯听了白探长的报告，气得连拍桌子，骂道："废物，这些毛贼都没偷莽权，难道莽权自己长翅膀飞了不成？省厅这几天都快把我逼疯了。"

白探长抹了两把冷汗，战战兢兢地说："刘局长，再给我10天的时间，我一定能抓住盗窃莽权的贼！"

刘肯一听更来气，拍着桌子骂道："再过10天，恐怕那盗贼早就将莽权变成大洋，挥霍一空了！"气急的刘肯让白探长5天之内破案，否则回家抱孩子去。

铁砂掌

莽权失窃案未破，刘肯吃不香睡不着。白探长走后，刘肯思考再三，

国宝劫影：盗案之谜

决定向驻扎在河北廊坊的甘肃籍将军邓宝珊求援。邓宝珊没想到自己的家乡会发生这样的大事，赶紧给文物保管委员会北平分会主任、故宫博物院古物馆负责人马衡打了一个求助电话。马衡心疼国宝被盗，急忙联系北京警察厅的厅长，希望北京能协助破案。这位厅长一笑，豪爽答应下来，随即委任自己麾下最牛的探长刘铭亲自前去破案。

刘铭，绰号"福尔摩斯"，36岁，国字脸，小平头，因为屡破大案，所以有了这个绰号。一接到任务，刘铭当天就搭上了一架运输军装的货机，直飞西安；然后再换乘一架执行训练任务的教练机，直奔兰州城。刘铭来到兰州后，局长刘肯亲自到机场迎接，还特地在兰州城的鸿宾楼摆宴为他接风。

酒桌上，刘铭直言："刘局长，兄弟我奉命而来，干不好给厅长丢脸，咱们言归正传，这莽权失窃案原来是谁在负责？我想见他一面！"

刘肯命令手下喊来白探长。白探长介绍了一番案情。刘铭想了一想，表示想四处看看。

刘肯于是命令白探长："一切行动你听刘探长的安排，务必尽早破案！"随后对着刘铭一笑："让刘探长费心了，我静候佳音！"

刘铭对局长摆了摆手，说："不敢当，尽力而为！"

局长走后，白探长像遇到救星似的说："刘探长，久仰大名，您一定要抓住那个可恶的盗贼，替兄弟出一口恶气呀！否则，局长那里我无法交差啦！"

刘铭笑道："白探长，兄弟我初到贵地，靠的还是你帮忙，咱们好好研究一下，找找线索。"

刘铭分析，兰州民众教育馆中共藏有6件青铜莽权，除却那个被丢弃的最重的铜权，被盗走的5件莽权至少也有百余斤重，能背着这么重的东西在教育馆中翻墙逃走，窃贼绝非泛泛之辈，一定是有功夫在身的江湖人所为，而且一定有内鬼接应。

白探长一拍大腿，说："高见，兄弟我也是这么想的，这种案子没有内应很难做成。咱兰州城叫得响的、能飞檐走壁的就是'铁匠''袁大脚''高灿章'这3个家伙，可被列为重点嫌疑对象的这3个人最后都被证明不在案发现场！案发当夜，'铁匠'领着他的伙计在铁匠铺里给军马钉马掌，有许多士兵可以作证；"袁大脚"那晚在艳春楼赌钱，有妓院的一干人等作证，他赌输了还殴打其他嫖客，闹到天亮都没消停，最后还出警了。至于高灿章……"

白探长沉吟不语，刘铭若有所思地问："高灿章怎么样？"

白探长苦着脸，说："其实我还是觉得这个高灿章有问题！在窃案发生的前一天，高灿章喝醉了酒，在酒店耍活宝，从二楼跳下来，据说把左脚严重扭伤了，当时就送到医院。亨特医生给他打了石膏。高灿章打着石膏回家的路上，街里四邻都看到了。我查问了亨特，他说高灿章的踝骨扭伤确实很严重。我也见到了高灿章，那石膏确实还在他小腿上。就是说，他也不可能作案。案发当晚，高灿章说自己在家睡觉，但是没有人能给他作证，而且好面子的高灿章这一次大肆宣扬他的断腿，我就觉得他有点不对劲，但是又找不到破绽。"

刘铭想了一会儿，说道："既然高灿章武艺高超，从二楼掉下来就扭伤脚也不太可能，很明显这里面有问题。走，咱们就去会一会他。"

刘铭和白探长径直来到高灿章家。高灿章的左小腿打着石膏，正躺在太师椅上摇晃着，看到两个人走进来，他只拱了拱手。

聊了一会儿，高灿章哼哼哈哈就是不接话碴儿，一个劲地说，案发当晚自己在睡觉，这腿根本走不了路。看白探长不相信，高灿章一掌拍碎左腿上的石膏，指着踝骨说，你摸摸看，骨头都错位了。白探长一摸，还真是，左踝骨明显错位，青紫的淤血布满整个左脚，确实伤得不轻。

两个人告辞离开，刘铭突然问白探长："高灿章的右手指甲缝里有白色残留物，你注意到了没有，另外他为什么只有4根手指？"

"这个……我没有注意到。这个高灿章有个相好的，有一次偷情被抓了个正着，拿了500块大洋赎身，还被剁去了右手拇指。"白探长嘲讽地说。

民国时期骑兵仍然是军队的重要兵种

刘铭判断，高灿章常年习武，有一些功夫，普通的二楼跳下来，怎么能将他的腿严重扭伤？一定是用了某种分筋错骨的功夫，故意制造自己无法作案的迹象。

"我观察高灿章的神情，他在故意耍我们，他的指甲缝里的白色东西，我判断是石膏，我推断这个案子十有八九是他做的！他作完案之后，重新给自己打上石膏。咱们不妨引蛇出洞，明天咱们设计一个圈套，让他自投罗网。"

两个男人一场戏

第二天，刘铭和白探长来到教育馆，对案发现场再一次进行周密的勘查。看着那扇盗贼进出的窗户，刘铭陷入了沉思。

刘铭曾经留学英国，对国外流行的痕迹检验学很有研究，也许是罪犯狡猾，或者是技术不过硬，兰州警方没有提取到指纹。就在刘铭盯着窗户看的时候，他感觉到有人在盯着他，一回头，只见四五个教育馆里的人站在不远处张望。

正好，他们俩要合演一场戏，正需要观众。刘铭大声问："白探长，

47

展柜上的指纹你们提取了没有？"

"提了呀，不过没什么价值。"

"那这扇窗户上的指纹你们提取了没有？"

"窗户？我看看啊……玻璃上的没提，那天局长一发怒，我忽略了。不要紧，我这就可以提取。"说完，白探长就跑到教育馆办公室里往局里打电话："我是老白，你们派个人把提取指纹的东西带过来，我要用。"

十几分钟后，刘铭用小刷子扫滑石粉的过程中，意外地在一块玻璃上发现了一个模糊的手指印痕。正常的人都有五根手指，可是这个罪犯却只有四根，刘铭兴奋地大叫："怎么只有四根手指？如果我没记错，高灿章的右手就只有四根手指吧！"

刘铭的一声大叫，使教育馆现场的工作人员都惊呆了。白探长说："会不会是有根手指印没留在玻璃上，这种情况也可能出现。"

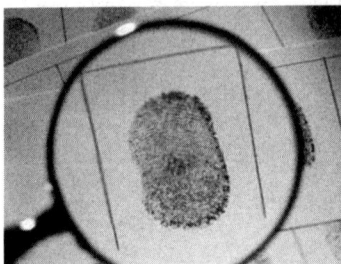

提取指纹是勘查犯罪现场的
重要环节

为了慎重起见，刘铭又接着提取其他玻璃上的指纹。就在此时，一个便衣从门外走进来，对白探长说，刚才一个教育馆里的工作人员匆匆离开了，他们已经跟踪上去了。

刘铭和白探长相视一笑，立刻跟着便衣追了出去。

实际上，刘铭刚才是故弄玄虚地假装发现了留在玻璃上的四个指痕。他大喊自己的发现，就是为了让教育馆中高灿章的内线听到。内线心中紧张，见出了纰漏，连忙赶去通风报信，只要高灿章远走高飞，这个案子就牵连不到他了。刘铭和白探长很快悄悄地跟上了他，发现他正是去给高灿章通风报信。可是他们围住了高宅，准备抓捕时，不料，高灿章一个箭步蹿到院子里，然后一个纵身踩踏在屋檐下的磨盘上，接着就蹿上了房顶，三步并作两步，转眼间便逃得无影无踪。

刘铭握着手枪，瞄了几次，都没瞄准，眼看着窃贼就这样逃了。

"大意了，大意了！"刘铭不无遗憾地说。

白探长大吼："给我全城搜索，我去报请局长发通缉令，请驻军设卡检查。"

但是，高灿章还是逃离了兰州。这让刘铭很没面子，也让刘肯愁眉不展。刘铭分析，高灿章肯定不会放下宝贝自己逃走，莽权肯定早已经运走了，如果他想要将窃来的宝贝卖个高价，必然要去天津、北平和上海等地。只要他有意将莽权出手，就不难将其抓获。

刘肯马上协调关系，将通缉令发给其他单位。一张大网张开，等待高灿章出现……

看我怎么收拾你们

一个月之后，天津方面传来消息，在兰州丢失的莽权在英租界"源丰永"的珠宝店中出现了。该珠宝店的店主名叫翟节山。翟节山得到莽权后，正在积极地联系国内外的买家，准备高价售出。那些出不起钱，吃不着葡萄说葡萄酸的买家很快就把消息传了出来。

此时，刘铭已经回到了北平，他得到消息后，急忙给白探长拍电报，两路人马直奔天津。在天津聚齐后，他们迅速联系了天津的警方。天津的警方马上拜访了翟节山，可翟节山的态度异常蛮横，他甚至扬言，自己的珠宝店开在英租界，天津的法律管不到自己，北平文物保管委员会想要莽权可以，先拿 30 万大洋来！

刘铭得到天津警局的回话，气得"咣"的一声，将手中的茶杯摔了个粉碎，他咬着牙说："真是不见棺材不落泪，看我怎么收拾你们！"

第二天，刘铭找到天津一位非常有名的文物鉴定专家，又请自己的一个法国朋友扮作富商，然后安排他们二人乘坐小汽车，直奔英租界的"源丰永"珠宝店。

翟节山认识天津这位文物鉴定专家，他见这个专家领着一位外国人上门，急忙将 5 件莽权拿了出来。文物鉴定专家在刘铭的安排下，早有腹案。他举着放大镜看罢莽权后，连连摇头，一个劲地说翟节山手中的莽权不真。

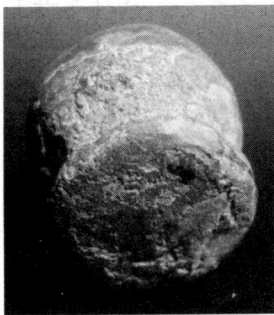
莽权底部

翟节山听了文物鉴定专家的一番说辞后，顿时心中起疑。他将两人送走后，便直奔3里外的一处民宅，从兰州逃到天津的高灿章就藏在这里，他正等着分钱呢！

翟节山和高灿章还没说上两句话，就听房门"咣"的一声被踹开了，白探长和两个便衣冲了进来，高灿章大吼一声，抢起桌子一扔，遮挡住白探长的视线。然而，高灿章推开后窗跳出去。还没站稳脚跟，高灿章就被守候在外面的刘铭等人按在地上。

刘铭怒骂："这次，再让你跑了，真是丢了我们三个地方警察的脸了。带走！"

英国巡捕赶来的时候，高灿章和翟节山已被刘铭塞进了一辆运菜的货车，货车一路疾驰，离开了英租界。就这样，高灿章和翟节山以合谋盗卖国家文物罪，被天津警方拘捕，并被判刑，得到应有的惩罚。

在兰州失窃的5件莽权，终于一并起获，经历这么一番坎坷，莽权的命运和归属也被改变了。它们先是经由天津警方保管，后又送到了故宫博物院古物负责人马衡手中，以后便在故宫博物院收藏。此后不久，故宫博物院又赎回了先前琉璃厂尊古斋古玩铺所购得的2件权衡。8件莽权故宫博物院尽藏其7件。

1934年春，中国学术协会在北平团城举办"西北文物展览"，经过多方沟通商榷，兰州将那件最重的莽权也送了过来，这8件青铜莽权终于在北平散而复合。可是1948年解放前夕，故宫中的大量文物被国民党运至台湾，定西巉口出土的8件莽权中有5件（三权、一钩、一丈）漂过海，成为台北故宫博物院的馆藏之宝。而剩余的3件莽权（一衡、二权）因为重量太大被放弃，现藏于中国国家博物馆。希望有那么一天，这些离散在两岸的国宝能够聚首合璧。

国宝劫影：盗案之谜

第四章　监守自盗
——状元卷盗案之谜

中国科举制度自隋朝创立到清朝末年废除，历经唐、宋、元、明、清，有着 1300 年的历史，曾产生了 800 余位状元。这些天之骄子中的文状元有 500 多人，他们才华横溢，谈古论今，妙笔生花，但保留下来的状元墨迹却只有一张，那就是明代赵秉忠的殿试状元卷。这份状元卷于 1983 年收藏在山东青州博物馆后，该馆名声大振，国内外前来参观的人络绎不绝。但谁也没有想到，1991 年 8 月状元卷竟然被盗了……

我的地盘我做主

山东青州是一座文明古城，是中国古九州之一。因地处黄海和泰山之间，位于中国东方，"东方属木，木色为青"，故名"青州"。7000 多年的悠久历史，给这里留下了浓厚的文化积淀。青州是一个人杰地灵，才俊辈出的地方。自北宋至清代出过 6 位状元，郑母村就曾经出过两位状元，其中一位就是明代万历二十六年的状元——赵秉忠。

1983 年春，潍坊市下辖的青州市郑母村的村民赵焕彬，向青州市博物馆献出了他家珍藏 400 多年的、其祖先赵秉忠的殿试卷，俗称"状元卷"。这张状元卷是赵秉忠根据万历皇帝出的殿试题目《问帝王之政与帝王之心》用一天时间答写的。

在文中，赵秉忠论述了帝王与百姓、政策与法治、法治与德治的关系。他一反"草民""贱民"之说，明确提出了"天民"的观点，将皇帝君主与平民百姓置于上天面前的平等地位。整篇文章文笔流畅，气势磅礴，观点鲜明，主题集中，说理透彻，一气呵成，是一篇难得的治国安邦的好文章。即便放在当今，它对我们国家的政治、思想、文化的研究都有极高的价值，后经专家鉴定，确认为海内外孤本，被定为国家一级文物。

这张试卷同时也是中国现存唯一保存下来的状元卷。状元卷为宣纸，长3.3米，宽0.38米，全卷分为3部分，第一部分约长0.7米，填写考生姓名、年龄、上溯三代的基本情况；中间部分2米多长，为正卷，为馆阁体小楷书写，朱笔断读，句末画有红圈，是典型的八股文。正文之前有万历皇帝的顶天朱批6个大字："第一甲第一名"；最后面的一部分约长0.55米，列有9位读卷官的职务、姓名，9位读卷官中有3位是吏部、户部、刑部尚书，均从六部九卿中选派出来。状元卷2460个字，写得极其端正漂亮，无一勾抹，可见赵秉忠文字功底之深。

在我国实行科举制度的1300多年中，有近800名状元出仕，其中文状元525人。科举制度分为四级：院试、乡试、会试、殿试。进入殿试者为进士。殿试录取三甲，第一甲取士三名，第一甲第一名称状元，第二名称榜眼，第三名称探花。能够考取状元的全国每3年仅有1人。殿试状元卷，一般都作为重要档案收藏于宫廷之中，但由于改朝换代、战火等原因，历代存于宫廷中的状元卷都已佚失。

明朝万历二十六年（1598年），青州25岁的赵秉忠傲视群雄，成为新科状元。赵秉忠步入仕途后，升礼部尚书。其刚正的个性却为专擅朝

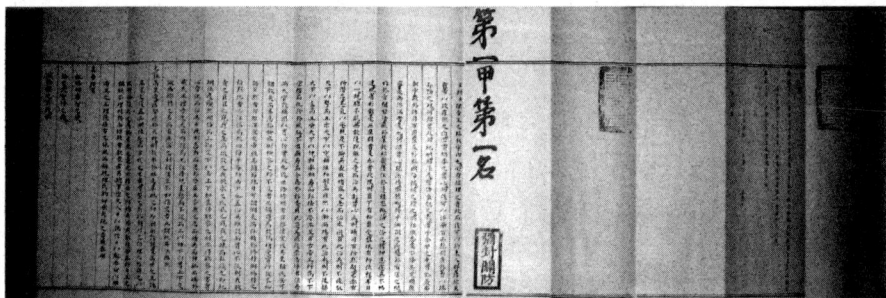

"状元卷"局部

政、陷害异己的宦官魏忠贤所不容，被朝廷以"莫须有"的罪名削官。因当时状元卷由礼部管理，赵秉忠回乡时心有不甘，便将自己的状元卷卷入背囊，私自带回家乡。53岁时，赵秉忠含恨而死。

400年来，赵秉忠这份国宝级状元卷，经风历雨，从深宫大

赵秉忠任礼部尚书时的画像

内流传到民间，在一次次的战乱中幸存下来，即便赵氏子孙生活艰辛，也一直保护着祖辈的这份荣耀，没有用它来换钱。

1983年年初，原山东省青州市博物馆馆长魏振圣在郑母村从事文物考察时，村里人告诉他，明代状元赵秉忠的后人至今还保存着状元卷。魏振圣深知状元卷的文物和史料价值，立即找到赵氏13代孙赵焕彬的家，说服他们把状元卷放入博物馆保存起来。

赵焕彬当即拒绝，他也表示，自己肯定不会卖掉状元卷，这是传家之宝，不可能在他手上出现中断，因此，捐赠博物馆之事不要再提。魏振圣依旧持礼相待，经过24次的上门拜访，老人终于被感动了，主动捐献了状元卷。老人从屋里拿出一个枕头，犹豫片刻后，用剪刀将枕头剪开了，从中取出一本卷子。从卷首上可以看到有朱笔题写的"第一甲第一名"，该卷是折叠的形式，一共是19折。

赵焕彬老人手捧着已珍藏了多年的卷子说："这可是我们状元家族的传家之宝啊，一辈辈的人把状元卷看得比自己的生命还重要，历经了几个朝代的战乱都是用生命保护下来的。十几代人历经磨难，细心珍藏，从来秘不示人，用生命保护这状元卷。20世纪40年代，他闯关东时，就把状元卷缝在衣服里保存。

1983年6月，青州市博物馆立即组织国内外文物专家鉴定，状元卷是原件真品，它为北京故宫博物院填补了明朝宫廷档案和中国封建科举制度状元卷的空白。港台报刊称之为"海内孤本""稀世珍品"，日本文物专

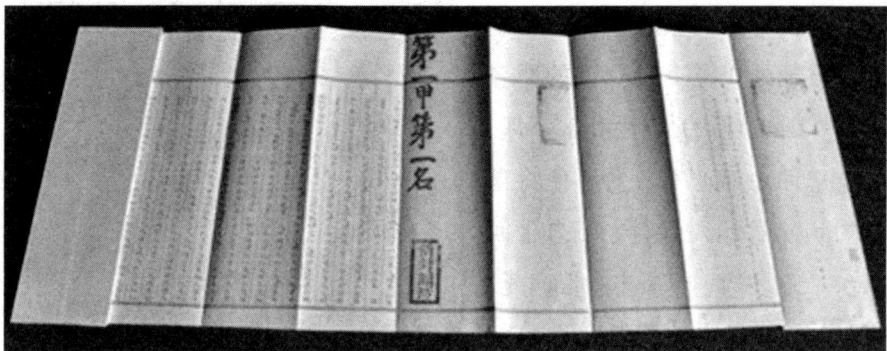
青州博物馆镇馆之宝状元卷

家惊叹为"了不起的发现"。

赵焕彬老人献宝有功，国家除了给予他荣誉表彰外，还奖给他一笔数目可观的奖金。赵秉忠的殿试卷已经由故宫博物院复制，原件归青州博物馆收藏和展出。复制件分送故宫、山东省博物馆和赵焕彬本人。

状元卷于 1983 年收藏在青州博物馆后，该馆名声大振，国内外前来参观的人络绎不绝。但谁也没有想到，1991 年 8 月 5 日，被称为该馆镇馆之宝的这件国家一级文物竟然不翼而飞，引起日本、韩国、新加坡和美国等海外媒体的广泛关注。

颤抖的双手

1991 年 8 月 5 日上午 10 时，山东省青州市公安局值班室的电话骤然响起，电话另一端传来急促的求助："我是市博物馆，馆内一级文物库房被盗，请求出警。"

接警人员认为案情重大，立即向青州市公安局领导做了汇报。局长当即决定派出精干力量赶赴现场进行勘查。

兵贵神速。不到 3 分钟时间，数辆警车风驰电掣般赶赴青州市博物馆。公安民警立即投入有条不紊的侦查工作之中。他们兵分三路：一路对被盗现场进行勘查，力争捕捉犯罪分子遗留在现场的蛛丝马迹；一路对馆内的有关人员调查访问，寻找破案线索；一路配合馆方有关人员对被盗库房的文物进行清查登记。

清点文物过程中警方发现镇馆之宝——明代赵秉忠的殿试状元卷存放的缎面盒子依然完好无损，办案民警绷紧的神经总算放松了一点。因为得到博物馆被盗的消息后，办案民警首先想到并最为关心的就是这份仅存的国宝级状元卷的命运。

为了保险起见，办案民警依然要求博物馆对柜子内的所有文物进行打开包装清点，而当馆方人员打开了这个精致的缎面盒子时，所有人都惊呆了——被称为青州博物馆镇馆之宝的状元卷不见了。

"情况怎么样？"办案民警从文物库现场一出来，一位赶赴现场的青州市领导便急切地问。

"破案不难，就恐怕……"警察对博物馆的文物保护措施不力十分恼火。

"怎么？"

"文物早就被盗出了，就怕破了案也追不回来。"

在场的市领导都禁不住一颤："无论如何都要追回状元卷！市里全力支持你们！"

国宝状元卷的失窃令案情迅速升级，潍坊市政府的主要领导先后赶到现场询问情况，潍坊市公安局也派警员前来增援侦破工作。

在案情分析会上，各路民警将调查访问、现场勘查的情况进行了汇总：犯罪嫌疑人很聪明地避开防守严密的正门，从天花板处，进入绝密的一级文物库房，并在短时间内鉴别出同在一柜的足以乱真的状元卷复制品，盗走真迹……

各种迹象表明，这是一起监守自盗或内外勾结的案件。警方迅速对此案确定了侦查方向，并当场宣布，博物馆全体人员一律不得离开。

下午4时，一场强大的

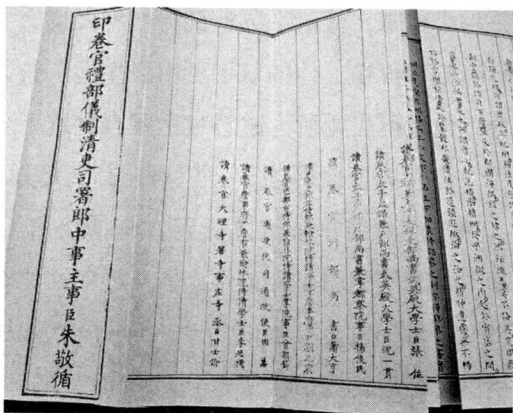

"状元卷"上列出的9名读卷官的名字、职务

侦查攻势迅速展开。博物馆全体人员都集中到了会议室，会议室里面的气氛严肃得令人窒息。"大家都知道文物被盗了。"青州市公安局局长沉重地说，"这是严重的失职！库房的几道门和报警设备使我们麻痹大意，忽视了天花板上的漏洞。"讲到这里，他用冷峻的目光扫遍全场。

"现场情况叫人不能不怀疑，作案人怎么知道一级文物库的位置？怎么知道天花板不起防范作用？还有，他又怎么使报警器失灵的？很清楚，不是内盗就是内外勾结！"他停住了话，在场的警察注意着每个人的表情，有的惊讶，有的气愤，有的交头接耳，还有一些人紧张不安……

随后，公安局的另一位资深警察凭借多年丰富的刑侦经验，对在场的人员实施了一番攻心政策，严肃指出："犯罪分子就在今天的会场上，公安机关已经掌握了充分证据，但是只要主动交出文物，坦白罪行，还是可以宽大处理的……"

会后，专案组立即安排办案民警抓住这一有利时机，对博物馆全体人员进行个别谈话。时间在一分一秒地消逝。所有的疑点慢慢集中到了该馆的一个保卫干事林春涛的身上。办案民警在对林春涛是否采取控制措施问题上出现了分歧。在一番讨论后，大家一致认为必须严格按照法律程序办案：在取得证据之前，不能对林春涛采取抓捕措施。

为避免打草惊蛇，办案民警宣布：馆内所有保卫人员一律参加博物馆保卫工作，不准回家。心烦意乱的林春涛此时正备受煎熬，没错，他就是那个窃贼，他似乎觉察到自己将要暴露了。他刻意保持镇静，但是他的呼吸频率很快，他的双手不由自主地颤抖，他担心自己随时崩溃。午夜时分，他谎称去厕所，趁着夜色跳墙逃跑了。

林春涛，原籍辽宁省庄河。其父母迁往青州后，他也于1989年3月从黑龙江黑河军分区复员到青州博物馆工作。他身强力壮，爱好体育活动，善于结交朋友和追逐女人。还对文物颇有兴趣，爱看文物知识方面的书刊，参加收集文物的活动。1990年10月，他还参加了邵庄乡朱王孔村战国古墓的发掘。

国宝劫影：盗案之谜

神秘的铁盒子

很快，办案民警得知林春涛逃跑的消息，一场堵截战迅速打响，一张无形的围捕巨网也随之张开。当日上午 8 时许，派往各路的办案民警相继传来消息：均未发现林春涛踪迹。种种迹象表明：林春涛极有可能已逃离青州市。

警方深知林春涛携带文物出逃的后果将不堪设想，当即召开案情会议，决定增加专案组警力，调整侦查思路，对林春涛在青州市可能落脚的地方继续架网守候的同时，调集部分警力围绕林春涛先前居住过的地方以及亲朋好友居住处追捕。

就在专案组指挥部调兵遣将、布网擒敌之际，办案民警得到了一条重要的线索：林春涛与青州市邵庄乡的朱某来往甚密，特别是发案前的两三天，有人还发现朱某与林春涛在一起。

林春涛与朱某有着什么样的关系？朱某与此案又有着什么样的牵连？专案组指挥部当即决定：立即查找朱某，搞清他与本案的联系。

办案民警立即赶赴邵庄乡派出所，在派出所民警的配合下，赶到朱某的家和他所承包的饭店，但都没有见到朱某的踪迹。服务员都不知道老板去哪里了，显然，朱某也出逃了。

案发两天来，林春涛、朱某相继出逃，派往外地的追捕人员纷纷发回捕空的消息。案件的侦破似乎陷入了僵局。

专案组没有就此罢休，案情分析会再次召开。经过一番探讨争论，大家一致认为通过朱某寻找林春涛是案件的突破口。于是专案组再次派出警力赶赴邵庄乡朱某家中调查朱某情况。果然，功夫不负有心人，在马鲁中与朱某家人的耐心交谈中，获知朱某有一个亲戚在青岛。

获得这一线索，专案组立即派出警力迅速赶赴青岛对朱某实施抓捕。事实证明专案组的侦查方向是正确的，但令办案民警大失所望的是，朱某的出逃与状元卷的被盗却毫无牵连。

警方对朱某连夜审问："你跑青岛去干什么？"

"我雇的女招待卖淫被发现了，我怕受牵连跑到青岛我哥处躲一躲。我真不知道呀！"

"去青岛前在哪里？"

"我躲在博物馆林春涛那里。他对象回东北了。"

"你们做过什么事？"

"做过什么事？没有呀！"朱华光一脸疑惑，"那几天我们上驼山玩过，看过两回电影，进了两次卡拉 OK 舞厅……还和他去了趟胶州。"

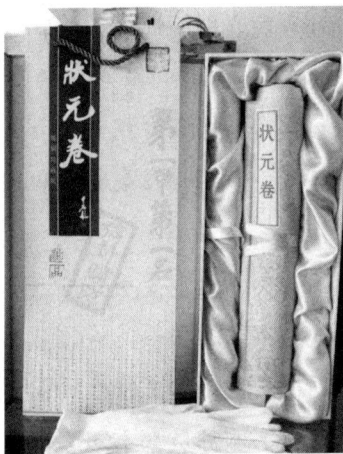

高级丝绸仿状元卷珍藏版

"详细讲去胶州的情况！"

"8 月 4 日，林春涛说去胶州找他内弟商量件事，我跟他去了。到了那里后，他领我到火车站西面一个旅店，没找着他内弟，又租了辆三轮车出城，往东，又往北，再往西，走了三十来里到一个村头上，他自己进的村。出来后他说没找着人，可我见他原来带的一个铁盒没有了。我们又坐三轮车走了十来里地到蓝村，我在火车站等着，他不知去哪儿转了半天，傍晚我们从蓝村坐火车回了青州。第二天早上，他说我老躲在他那里也不是办法，我就跑去青岛了。"

民警们被这个神秘的铁盒子吸引住了，这一线索，又使大失所望的办案民警喜出望外。他们当即迅速赶往胶州，让朱华光带路查找林春涛去过的村子。

不想见到你们

警方按朱华光讲的路线找了几天，终于查到前店口乡圈子村。驻地派出所介绍，这个村里有个叫徐清亮的人倒卖过旧钱币。可是不巧，徐清亮全家天一亮就乘一辆松花江牌客货两用车离了村子前往胶州了。迟了一步，全盘被动。徐清亮如果是闻风潜逃，追回文物就更难了。民警们布置"见车扣车，见人扣人"的追捕和守候措施。

与此同时，青州方面也开始了打击盗窃、倒卖文物的专项斗争，一个叫丁昌五的文物贩子坐不住了，到公安局坦白说，徐清亮曾拿了块清代玉璧找他看价钱，还说有明代状元卷。丁昌五一听大吃一惊，他知道状元卷全国只有一件，徐清亮说的状元卷不是假的就是偷的，没敢沾手。经鉴定丁昌五说的两件文物，就是博物馆被盗文物，说明徐清亮与林春涛是同伙，可能知道状元卷的下落。

在胶州，前往亲戚家的徐清亮被警方控制，从他家中查获"宜子孙"玉璧等7件青州博物馆文物。徐清亮说，6月，小马湾镇三角湾村的文物贩子姜锡斋拿着7件文物到他家，要他安排脱手。几天后，他到姜锡斋家见到了林春涛，林春涛拿出状元卷，说要卖150万元，他到青州听丁昌五说状元卷"不是假的就是偷的"后，便知道了这些文物的来历。还有一个叫刘宗国的文物贩子也特别热心购买这些文物。

姜锡斋归案后说，林春涛是其妻弟介绍的，他帮助林春涛联络上徐清亮，赚了一些中间费。姜锡斋的妻子则说，林春涛和她在平度市工作的表妹来往密切。

"林春涛可能就潜藏在平度！"警方做出了这样的判断之后便前往平度，得到消息是林春涛9天前走了。虽然种种迹象表明状元卷依然在林春涛手里，但此时林春涛又在哪里？这对于专案组民警来说犹如大海捞针。但专案组民警信念坚定，克服种种困难，在追捕犯罪嫌疑人林春涛的迷雾中一步一步艰难前行。

难道又迟了一步？可是宿舍楼的看门人看了林春涛的照片后说："这个人已来了两天了，昨天去了青岛，说今天回来。"此时已是下午五点半，林春涛若要回来也快了。警方忙把警车隐蔽起来，守株待兔。时间不长，一辆铃木250摩托车开来，正是林春涛！

"不许动！"林春涛一惊，马上乖乖地降服了，嘴里还说："陈局长，是你呀！原想再也不和你们见面了……"

"少废话！状元卷呢？"

"在那张桌子的抽屉里。"

办案民警拉开抽屉，丢失了 9 天的国宝级状元卷安然无恙地躺在那。

法网恢恢，疏而不漏。林春涛做梦也没有想到，青州警方会在这么短时间内将其抓获归案。1992 年 4 月 6 日，在老百姓的唾骂声中，偷盗国宝级状元卷的林春涛被依法执行枪决。状元卷又回到了青州人民的身边。如果再晚一步，状元卷的命运真的难以预料。

第五章 "北极熊"来袭
——西夏国宝盗案之谜

1909 年，沙俄上校、俄国皇家地理学会会员科兹洛夫率领一支全副武装的"探险队"，打着考察野生动物的旗号前往"黑城"。他的目的是验证一个流传已久的"阿里巴巴的宝藏"的传说。令人惊讶的是，这个传说中的"藏宝之城"在他的疯狂发掘下最终竟然现身了，从此无数西夏王国国宝流落异邦。这批珍贵的文物被 40 头骆驼偷运到俄国，在圣彼得堡公开展出后，轰动了全世界。这一发现被公认为是继殷墟甲骨、敦煌遗书之后的中国第三大考古文献发现……

死亡之城

内蒙古额济纳茫茫沙漠戈壁滩中，茫茫的砾石戈壁死寂一般，亿万年烈烈的风暴将能够吹走的尘土尽数掠去，只留下黑色砾石伴着粗糙的流沙。黑色的戈壁，粗糙的砾石，随风而动的流沙，寥若晨星的低矮沙生植物，沧桑之感油然而现。

在额济纳旗达来呼布镇东南 25 公里的荒漠中，有一座保存完好的古城墙遗址。从遗址内市井建筑的

黑水城遗址

黑水城遗址里的断壁残垣

颓垣断壁可看出昔日街巷的布局，从城外残存的田畦沟渠可遥想到当年农业的兴盛。这就是历史上赫赫有名的"黑水城"遗址，蒙古语称为"哈拉浩特"，又称"黑城"。这里没有车马的喧嚣，没有人声的嘈杂，甚至连苍蝇蚊子的踪影也难以觅到。曾经的黑水河，早已多年没有延伸到这片干透的土地了，连最耐旱的红柳、胡杨也无法在这里播撒一星半点的情意，唯有起伏的沙丘一个连着一个，通向遥远的天边。曾依傍居延海而建的神秘的西夏重镇黑水城，距今已有千余年历史。

1038 年，在中国的西北部崛起了一个政权——西夏王朝。西夏先后与北宋、辽以及南宋、金两次形成三足鼎立之势，政治、经济、文化的发展也曾经一度辉煌。然而，伴随着成吉思汗率领的蒙古铁骑长达 20 多年的军事征服和一场突如其来的强烈地震，这个统治了西北广大地区 189 年的王朝最终衰亡，逐渐消失在历史的尘烟中。

黑水城是西夏十二监军司之一的黑山威福军司治所，为西夏防卫吐蕃和回鹘的西北军事重镇，又是从河西走廊通往漠北的交通枢纽，地理位置十分重要。到西夏鼎盛时期时，黑水城已不再是一座单纯的军事城堡，逐渐变成一座经济、文化都较为发达的繁荣城市。

在当时的城区内，分布有街市、官署，驿站、学府、佛教寺院等区域和百姓、官员、兵卒的住宅区；有直通城门的东、西大街和南北街巷组成的整齐街道。街道两侧，布满了各种店铺，有饭馆、酒店、客栈、钱庄、杂货店、衣帛行、马具作坊、工具制作等各种作坊。并有马市、柴市及交换农牧产品的互市场所。黑水城，不仅城内十分繁荣，而且在城外也有百

国宝劫影：盗案之谜

姓集中的居民区和繁华热闹的街市。当时，居住在黑水城一带的固定人口有七八千人。

1226年，成吉思汗率领蒙古大军征伐西夏，首先攻破了黑水城。然而，没过多久，民间开始流传一个动人的传说：西夏国有位"哈拉将军"，翻译成汉语就是"黑将军"。黑将军英勇有余而谋略不足，他负责镇守黑水城。蒙古大军随行的萨满巫师向领兵的万夫长说："黑水城地高河低，官军围城在城外打井无水，而城内军民却不见饥渴之象，肯定有暗道通水，如果将这条水道堵截，则必胜无疑。"于是，万夫长命令士兵在黑河上游筑坝截断了城中水源。没过多长时间，城中储水耗尽，士兵饥渴难耐，只好在城的西北角打井求水，不料一直挖到40多米还是滴水不见。黑将军看到城池危在旦夕，失败已成定局，决定与对手进行最后的决战。战前为防备万一，他把黑水城内所存的难以计数的据说是80车的珍宝全部倒入这口枯井中，又亲手杀死自己的妻儿。一切处理停当之后，黑将军便率领士兵倾城出战，身先士卒、直冲敌营，经过殊死拼杀，终因众寡悬殊、全军覆没，自刎而死。传说离城28公里的那片"怪树林"里盘虬卧龙的胡杨林就是黑将军和他的将士们不散的阴魂和身躯演变的。关于这段历史还有另外一种说法：黑将军战败后并没有死，而是向东南方向撤退。在距今内蒙古自治区阿拉善左旗巴音浩特不远的地方，曾留下了他的盔甲和战袍。

黑水城，西夏历史的见证者，一座湮没在历史长河中近千年的古城，就是从那时候起，"怪树林"的传说连同黑将军藏宝的故事被一代代流传了下来。蒙古军队攻陷黑水城后，大肆搜寻而未能找到宝藏。

1227年，当西夏国的皇位传到第十位李睍的时候，厄运开始降临。"一代天骄"成吉思汗带领蒙古大军由黑水城南下，开始征服西

成吉思汗画像

夏。攻打天都山的战斗中，成吉思汗被对方"神臂弓"射伤，被迫撤到六盘山下，不久箭毒发作，弥留之际成吉思汗发下誓言，绝不能放过西夏人。

成吉思汗死后，蒙古大军秘不发丧，带着强烈复仇心理，开始攻打西夏都城，并把前来乞降的西夏末主李睍断然处死。随后铁骑横扫西夏全境，灿烂的西夏文明顷刻之间荡然无存，灰飞烟灭。

可以说，蒙古大军对西夏的征战，开启了中国有史以来最为惨烈的一幕。它不仅给党项人带来灭顶之灾，而且将其创造的所有物质文明和文化遗产几乎消灭殆尽。当我们翻开中国史书时，几乎很难找到记述西夏王朝的相关文字，只有从《宋史》《金史》《辽史》《元史》中，获取只言片语，致使西夏王国，在后人眼里变得神秘莫测。

元朝建立后，黑水城依然沿用，而且受到元朝统治者的重视，当时这一地区划归甘肃行省，称"亦集乃路"。"亦集乃"是源于党项语"黑水"的音译，蒙语称"哈拉浩特"，"哈拉"是黑色，"浩特"是城市，意思是黑色之城。

1286年，元世祖在此设"亦集乃路总管府"，管辖这一地区及西宁、山丹两州。这里"北走岭北、西抵新疆、南通河西、东往银川"，成为中原到漠北的必经之路和交通枢纽。马可波罗就是沿着这条古道走进了东方天堂杭州。

1372年，明朝征西将军冯胜带兵讨伐元朝残军，为了彻底击败元军，明军使河流永久性改道，致城内水源断绝。明军占领城市后又随即废弃，因为没有了水源的补充，居民被迫迁徙，该城逐渐被沙漠吞噬，成为无人居住的废弃死城。此后，邻近城池的当地人曾多次前往黑水城试图发现黑将军留下的珍宝，但不是无功而返就是神秘失踪。

据说黑将军临死前留下了致命的咒语。当地人由于惧怕黑水城的鬼魂和咒语的魔力，尽量避免经过此地，这里也逐渐变成了一片废墟，被人称之为"死亡之城"和"鬼域"。

美丽的谎言

随着沙皇俄国对亚洲西伯利亚的征服，尤其是侵吞了中国贝加尔以东包括黑龙江以北的广大地区之后，其势力逐渐渗透到中国腹地。作为从蒙古高原进入中原的踏板，沙俄对阿拉善盟地区开始重视起来，那些打着学术名义的"文化远征军"首先进入这一地区探险。他们不但一路盗取文物，而且一路绘制军用地图，以便为沙俄的侵略做准备。沙漠里流传的"黑将军藏宝"这一与历史事实相去甚远又充满传奇色彩的故事，就深深吸引了沙俄上校、俄国皇家地理学会会员科兹洛夫。

在探险队启程前，沙皇尼古拉二世召见了科兹洛夫，并从国库中拨给探险队 3 万卢布和一些枪支弹药。科兹洛夫备受鼓励，在感到无比"光荣"之下，暗下决心，一定要设法揭开黑城之谜。他召集了一些信得过的亡命之徒，风风光光地前往中国。

1908 年初，沙俄侵略的急先锋——科兹洛夫就到中国西部"探险"了。临行前，科兹洛夫就听说过黑水城附近"拨开沙土，就可找到银质的东西。"于是贪婪的科兹洛夫带着一队全副武装的探险队来到巴丹吉林沙漠。在他之前，已有俄国旅行家波塔宁、地质学家奥布鲁切夫等人想通过当地人打听去黑水城的路，都遭到当地蒙古族的土尔扈特人的拒绝或被引向歧路。当得知科兹洛夫有要去黑水城的打算时，他也同样被当地牧民一次次地拒绝，没人愿意给科兹洛夫带路。因为土尔扈特人心里清楚：一批批来这里的所谓

科兹洛夫

沙皇尼古拉二世

"探险者"最终目的就是要将原本不属于他们的东西据为己有，这一点在土尔扈特人看来是极不道德的。

在与当地人的交谈中，科兹洛夫又听到了一个勇敢而走运的老妇人在黑水城遗址发现一大串珍珠项链的故事：一个老妇人和自己的儿子们一起寻找几匹丢失得无影无踪的马，结果遇上了风暴。他们意外地撞上了黑水城的城墙，并用来躲避风暴，在城墙的庇护下过了一夜。第二天早上风暴平息了，但在动身回额济纳前，他们想在空无人烟的城中走一圈。就这样走在废墟上，老妇人看见了露出地面的闪闪发光的项链，观赏一番之后，她认为这是神赐予她的礼物，就把这串装饰物挂在自己的脖子上。回到额济纳之后，所有的当地人便都知道所发生的一切。这时有一支驼队载着大量商品来到他们的住地，当地人向驼队讲述了老妇人发现珍珠项链的故事。最后，驼队用几匹骆驼换走了这串珍珠。

故事的真假科兹洛夫无从考证，但是找到这个"黄金宝藏"可是他最大的心愿。

1908年3月初，科兹洛夫抵达巴登札萨克王爷领地，札萨克王爷是管辖这一地区的清王朝官员，非常了解当地的风土人情。科兹洛夫花了很大的力气与札萨克王爷以及其他地方官员搞好关系，每天登门拜访，亲切交谈，并施以利诱。王爷和他的手下人一度像对待以往来这儿的其他外国人一样，都异口同声地否认了周围有什么遗址废墟。

探险的事情进展不太顺利，王爷府"竭力使我相信，我想要去的地方无路可行"。但科兹洛夫并没有灰心，他耐住性子，继续大献殷勤，把随

沙漠中的黑水城遗址

身带来的俄国步枪、左轮手枪及留声机等物品向王爷呈上，宴请各位王公贵族，并且还主动向中国朝廷写了一封请封信，以使得手头正异常拮据的王爷可以从朝廷拿到多于往常两倍的俸禄。在这喋喋不休的动人言辞以及更令人动心的礼物面前，王爷被收买了，科兹洛夫一举攻破了黑水城防线。

札萨克王爷终于经不住科兹洛夫的哄骗，将黑水城的秘密和盘托出，告诉了这个阴险狡诈的外国文化强盗。札萨克王爷甚至还派遣了一名熟悉地形的向导给这帮掠夺者引路。

破碎的世界

3月中旬，科兹洛夫率领着这支挎着长枪短枪的"探险队"，打着"考察野生动物"的旗号前往黑水城。对此科兹洛夫在日记中有过这样的记述："对腐败愚昧的清朝政府和其走卒仆从来说，只要能发财升官，又何惜这陈年的'古董废物'。"

科兹洛夫的远征队驱赶着骆驼行进在茫茫沙海中，10天过去了，饥饿、干渴、疲劳、疾病、雇工的逃离，使得这支远征队濒临死亡的边缘，但他们最终找到了梦幻般的、与世隔绝了700多年的黑水城。看着黑水城的残垣断瓦、气势依旧的城墙，科兹洛夫后来说："我永远不会忘记那一刻欣喜若狂的心情……"

昔日的绿洲，如今已被沙漠吞噬，变成了一片荒漠，黑水城也变成了一座废城，但是，昔日的痕迹依稀可辨，砖石、瓦块、陶瓷残片、铁器、雕刻、泥佛、风化的白骨、破裂的石磨、块垒等当年的遗物。在古城遗址的西北角上，端坐着12米高的覆钵式佛塔，古朴、圆融、安详，是黑城的标志性建筑。城内，荒凉满目，流沙下遍布官邸、寺庙和民居的颓垣断壁，到处都散落着各种瓷器和碎片，黑釉刻花、白釉褐彩以及钧瓷和南方的龙泉瓷等。城外还有几座残缺不全的喇嘛塔，像是守城的卫士肃然而立。

这群强盗走进遗址后，从 4 月 1 日到 13 日，科兹洛夫和他的"探险队"在城内的官衙、民居、寺庙、佛塔遗址到处乱挖乱掘，挖掘出大量的佛像、法器、书籍、簿册、钱币、首饰等，共约 160 公斤。在城西南的几座遗址下就挖出了 3 本西夏文书本和 30 本西夏文小册子，佛塑、麻布和绢质佛画、钱币、金属碗、妇女饰物、日用器具、佛事用品以及波斯文残卷、伊斯兰教写经和西夏文抄本残卷等物品，一下子装满了 10 个大箱子。

　　科兹洛夫在考察之后所写的游记中，喜不自禁地记述道：

　　我们所有的"考察活动和发掘活动"，都进行得非常谨慎，非常用心。地层中或地表上发现的每件器物，都会引起大家共同的兴奋之情。我永远也不会忘记，当我用铁铲挖掘几下，就发现一幅绘在布帛上的佛像时，心中充满了那种惊喜情绪。

　　"考察队"在哈拉浩特遗址度过几天后，便获得了种种丰富的物品：书册、信函、文件、金属钱币、妇女装饰品、佛教崇拜画像等。至于数量，那么我们搜集的考古资料一共装满了 10 个大邮箱，准备以后运往俄国地理学会和科学院。

　　此外，我们还利用土尔扈特王爷对考察队的好感，立即通过邮政往大

黑水城内部遗迹

黑水城出土的佛像

库伦（而后到圣彼得堡）寄去几宗并行的邮件，报告了哈拉浩特事实上已被发现的消息和在这里发现的出土物情况，并附去文字与画像的样品，以便尽快得到研究和鉴定……

由于害怕土尔扈特人怀疑，科兹洛夫不敢有任何停留，在盗取了这些文物后便匆匆率队返回，这批文物在王爷的帮助下，通过邮驿分批经由库伦运往圣彼得堡。大获丰收的科兹洛夫觉得心满意足，他也潇洒地离开了黑水城前往四川探险。

找到了

当这批文物运到俄罗斯后，文物中那些没有人认识的文字和造型独特的佛像震惊了圣彼得堡。俄国地理学会立即组织专家进行鉴定，结果令人吃惊：这些刊行或抄写的书籍和簿册上的文字无人能识，这种文字已经消失，是一种重见天日的"死文字"。

1908 年 12 月，俄国地理学会副会长格利戈利耶夫电告科兹洛夫，取消"探险队"深入四川内地考察的计划，命他立即重返大漠黑水城，"不惜一切代价，集中人力、物力和时间再次探寻发掘。"当时俄罗斯科学院的专家虽然不懂西夏文，也不知道这是什么东西，但是他们做出了一个正确判断——黑水城遗址里有非常重要的历史文献，所以他们命令科兹洛夫迅速返回了黑水城。

　　1909 年 6 月 4 日的一个早晨，经过大量补充给养，增添了人手和骆驼队的科兹洛夫重返黑水城。这一次，他对黑水城展开了一次劫掠式的挖掘。科兹洛夫明目张胆地在城内西墙一栋大屋遗址旁支起了营帐。和上一次一样，科兹洛夫与王爷重叙旧好，并从王爷那里得到了雇佣人工以协助他掘土，而且王爷每天都为他运送饮水、蔬菜和羊肉。比起上一次来，他的发掘条件显然好更多了。一时间，"荒废的古城复苏了：人来人往，工具鸣响，尘土飞扬。每天中午都有毛驴队从额济纳河谷地运来饮水和食品，给我们带来消息。有时，土尔扈特王爷和官员们也来造访，看看我们这些俄国人在古城中是如何生活的"。

　　这时候，科兹洛夫已经将黑水城视为"我们自己的黑城"，在他们出发去四川的这些日子里，"谁也没有来访问我们这座亲爱的古城，各处遗址仍然是我们离开时的样子，就连我们从废墟和垃圾中发掘出并留下来的那些多余器物，也无人触动"。

　　科兹洛夫把手下人分成两组，从城内到城外的远近荒漠、残垣断垒中搜索探察。每天，他都挎着枪，四处查看进展。天气渐渐热了起来，白天地面气温被太阳烤灼，高达 60 摄氏度以上，热浪扬起的尘土令人窒息。他们就得早晚干活。尽管日有所获，但仍不能满足科兹洛夫已增长的贪婪欲望，他需要更大的收获来赢得沙皇的表扬。他们翻遍了黑水城东街、正街两侧的店铺作坊，挖掘了总管府和全部佛寺遗址，可是收获都不大。

科兹洛夫盗掘的西夏文献

城中寺庙遗址

"伟大的塔"

气急败坏之下，科兹洛夫便命令横扫佛塔，将佛塔推倒，看看佛塔地下有没有好东西。一座距古城西墙约 400 米、位于干河床右岸的大佛塔，成为他首先猎取的目标。当这座佛塔被打开后，奇迹出现了：塔内堆满了大量的文物和文献，精美的壁画，无数的经史子集。虽然饱经岁月的磨砺，佛塔里面的文物依然完好无损。科兹洛夫简直不敢相信自己的眼睛，因为展现在他面前的简直就是一座无法用金银财宝去衡量的历史博物馆。

这座高约 10 米，底层面积约 12 平方米的佛塔的底层，呈现在眼前的竟是层层叠叠多达 2.4 万卷的古代藏书和大批簿册、经卷、佛画、塑像等，无怪乎后来俄国人声称仿佛找到了一个中世纪的图书馆、博物馆！科兹洛夫惊骇地张大了嘴巴，惊呼"伟大的塔"。在之后的 9 天里，科兹洛夫等人彻夜不离这个佛塔，拿出一件件文献和艺术珍品，运往秘密营地。正是这座后来被科兹洛夫称之为"伟大的塔"的佛塔内丰富的文物，为之后揭开西夏的历史之谜提供了翔实的文献史料，从而也催生了一门新的国际学科——西夏学。

自从发现了这座"伟大的塔"后，尝到甜头的科兹洛夫挖掘行为变得更加野蛮，几乎是见塔就挖，沙漠里 30 多座佛塔塔身和塔基都被他刨开，围绕着黑水城的近千年的佛塔 80% 就这样在一个文物强盗手中毁于一旦。

6 月 12 日，经过 9 天的掠夺式盗掘后，科兹洛夫怀着从没有过的满足感，带着从数量到质量都比第一次挖掘更为丰厚的文物、文献趾高气扬地离开了黑水城。他们将挖掘的宝物打包，用 40 只骆驼装载这些罕见的文献与 500 多件精美绝伦的艺术品踏上了归途。

遍布黑水城中的佛塔

黑水城的珍藏是继殷墟甲骨、敦煌文书后，又一次国学资料的重大发现。从黑水城盗掘的文献有举世闻名的西夏文刊本和写本达 8000 余种，还有大量的汉文、藏文、回鹘文、蒙古文、波斯文等书籍和经卷，以及陶器、铁器、织品、雕塑品和绘画等珍贵文物。这些文物文献数量很大，版本大都完整，是研究西夏王朝甚至于和西夏王朝同时的宋、辽、金王朝，还有元朝历史的"无价之宝"，据说，俄罗斯有关学者整整花了半个世纪才提出了这批文献的完整目录，由此可以看出这批文献数量之浩繁。迄今为止，在有关西夏考古资料的发现中，西夏地下文物 90% 是出自黑水城，此后出土的文物，在数量、价值或种类上都难以与黑水城这次被盗的东西相提并论。

科兹洛夫挖掘了很多东西，根据他的日记来看，大部分文物他当时带走了，还有一部分不能带走的大件文物，比如泥塑像等，被他埋在了黑水城的南墙根。

900 年前的双语字典

科兹洛夫带回俄国的西夏文物在相当一段时期内都成为令该国专家头痛的"迷宫"，这批来自黑水城的文物当年在俄罗斯存放了相当一段时间，俄国科学院的专家们虽然意识到这些文献可能有巨大的科学价值，但因为没有人能识别西夏文，俄国人并不知道它们的来龙去脉。科兹洛夫的黑水城之行取得了巨大成功。但是，这次发掘，事先没有计划，没有详细的或者简要的记录，造成文物和出土地点信息分离，使得后人无从追溯；所有的文物都混淆在一起，甚至对于"伟大的塔"的发掘，虽然得到了数量极多的西夏文献，也很难确定大塔的年代。直至俄国著名汉学家伊凤阁的一次意外发现，才开启了那段西夏文明……

伊凤阁，全称阿列克谢·伊万诺维奇·伊万诺夫，1878年生，1901年毕业于圣彼得堡大学东方语言系汉满语专业。1902年来华学习汉文，任译学馆俄文教习，1904年回国。1909年的一天，伊凤阁在地理学会的房间中打开黑水城发现物的包装后，在成堆杂乱的黑水城文献中随意翻阅时，发现了一本书中每一词语都并列4项，中间两项分别是西夏文和汉译文，右边靠西夏文的汉字为西夏文注音，左边靠汉译文的西夏文为汉字注音。这引起了伊凤阁的注意，通过认真琢磨，伊凤阁发现这竟是一本相互学习对照语言文字的工具书——西夏文、汉文双解词典《番汉合时掌中珠》。

《番汉合时掌中珠》是西夏人骨勒茂才编写的一部西夏文、汉文词语对照集，刊于西夏仁宗乾祐二十一年（1190年），是一部通俗的识字书，

科兹洛夫（右二）等人

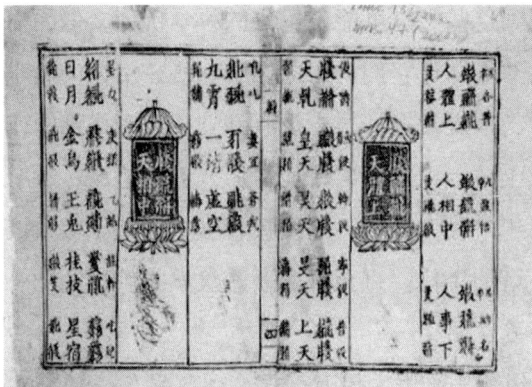
《番汉合时掌中珠》中的一页

每一词语以西夏、汉两种文字分列4项，音义互注，检索十分方便，懂汉语文不懂西夏语文的人、懂西夏语文不懂汉语文的人都可通过此书学习。全书共37页，收录词语414条，分为9类，其内容为：天空，日月星辰，天体自然变化，山川河海，矿产、植物和动物，君子、小人，人体各部和人事活动及有关事物。最后一类约占全书一半，包括亲属称谓、佛事活动、房屋建筑、日用器皿、衣物首饰、农事耕具、政府机构、诉讼程序、弹奏乐器、食馔、马具、婚姻等。该书是研究西夏语言、文字和认识西夏社会的重要文献，也是初学西夏语文最便利的入门工具书，是唯一能打开西夏文献宝库的"钥匙"！

这个发现让伊凤阁兴奋不已，他据此发表了《西夏语研究》一文，公布了"他的发现"，至此，俄国的学者们才明白，原来科兹洛夫两次用骆驼驮来的是中国中古时期西夏王朝190年的历史，一段尘封千年的古老文明从这里慢慢开启。伊凤阁也成为第一个注意到科兹洛夫在黑水城劫回的西夏文物的俄国学者。

根据中国学者目前的统计，从黑水城遗址出土的西夏文文献就其内容来说可分为5类：

一是语言文字类。黑水城文献中有多种有关西夏文的字典、辞书、语音表等资料，如西夏文汉文双解词语集《番汉合时掌中珠》，注释西夏文字形、音、义的韵书《文海》，西夏文字书《音同》等，对于研究西夏文无疑是至为珍贵的资料。

二是历史法律类。西夏王朝有着完备的法律体系，然而汉文史料失于记载，黑水城西夏文献中却保存着多种西夏文法律文献，最为著名的是《天盛改旧新定律令》。这部法典原为20卷，今存19卷1300多页，是我国古代继印行《宋刑统》后又一部公开刻印颁行的王朝法典，也是第一部用民族文字印行的法典。西夏文《天盛改旧新定律令》全面规定了西夏的社会生活，内有整个西夏国家机关介绍，是现存西夏法律文书中篇幅最长、记载最详、保存最完好的文献。《天盛改旧新定律令》包含了传统的刑法、行政法、军法、民法、诉讼法等方面的许多具体条文，大量吸收了唐、宋封建王朝法律维护封建专制统治的基本内容。在继承唐、宋法律丰富、细密、严谨传统的同时，也参照本民族的经济文化特点，加进了不少独特的内容，使之更加充实切合实际。为了保证战斗的胜利，法典对败逃的兵将也规定了严苛的惩治条款。比如刑罚制度中，去掉了唐朝"笞杖徒流死"中的"流刑"，而增加了至今发现的最早使用"无期徒刑"的法律规定。《天盛改旧新定律令》是继《唐律疏议》《宋刑统》之后第三部中华法律著作。在此前后，吐蕃、辽、金的法典没有一部能够流传至今，其他远东国家如日本、越南、朝鲜也都没有留下15世纪以前的法典，就连著名的傣文《芒莱法典》也要比它晚一百年。这样，至今保存完好的原文原版的西夏法典《天盛律令》就是现存的第一部系统的民族法典，也是我国历史上民族政权所修律书中唯一幸存下来的大法典，成为研究远东古代民族法典弥足珍贵的资料，堪称稀世国宝。

三是文学类。西夏文学作品传世极少，黑水城文献中有西夏文诗歌的写本和刻本，保存有数十首诗歌，反映了西夏诗歌的艺术成就。西夏文谚语集《新集锦合辞》中，保存有大量多种类型的西夏谚语，以醇厚的民族风格展示了西夏社会风情与党项族羌族的民族伦理、道德观念。

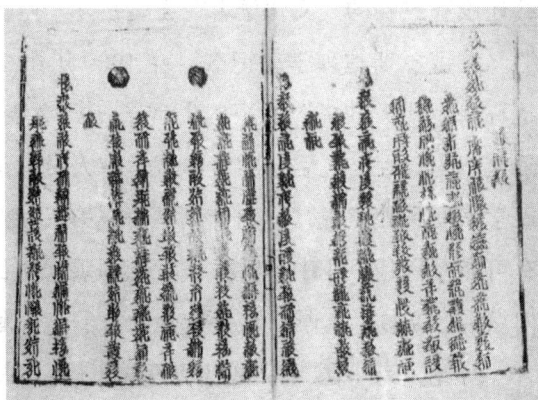

《天盛改旧新定律令》1册47纸

四是古籍译文类。西夏统治者积极借鉴中原文化,翻译了大量的汉文典籍,如《论语》《孟子》《孙子兵法》《孝经》等。特别是唐代于立政编撰的类书《类林》,失传已久,敦煌文献中只存零篇断简,而西夏文刻本则保存完整,通过翻译整理补充,这一失传千载的古籍重现原貌。

五是佛教经典类。西夏统治者信奉佛法,在境内大力推行佛教,动用大量的人力物力翻译抄刻佛经。这些佛教经典有的译自汉文大藏经,也有自己编纂的文献,是研究西夏佛教史乃至中国佛教史的重要资料。

西夏王朝重视刻印事业,政府机构专门设置刻字司,黑水城文献中即有刻字司的作品。西夏文佛经里的版画刀法娴熟,印制精美,场面恢宏,风格独特。西夏文文献版式多种多样,规格不一,大的盈尺,小的寸余。装帧方式有卷轴装、经折装、蝴蝶装、包背装、线装等,从中可以看到中国书籍装帧艺术发展演变的历史。

神秘的女性骸骨

国宝劫影:盗案之谜

科兹洛夫因为黑水城文物的盗掘而声闻西方,他从此在西方考古界占有了重要的一席之地。当年,科兹洛夫曾经在沙皇居住的夏宫向尼古拉二世用幻灯片展示了他在黑水城的发现,尔后又在圣彼得堡东方研究所首次向世人展出了他的"战果",荣誉、地位和财富都随之而来。这对其他那些还没有成功的"文化学者"无疑是一个巨大的"鼓励和刺激"。

据俄罗斯地理学会记载,在1909年第二次挖掘中,科兹洛夫还在被他称为"伟大的塔"的塔内发现了一具坐姿骨骸。骨骸被运回俄罗斯后,经鉴定为女性。之后,随着沙俄考古人员对黑水城文物的逐步破译,一位汉学家发表文章说,这副骨骸是西夏第五代帝王李文孝的皇后罗氏,她极有可能在宫廷争斗中落败并被发配到黑水城,死后就葬在了那座塔里。塔内发现的文物、文献应该是这个女人的私人藏品。

对此,有中国专家提出了不同见解:"作为一个皇后,她是怎样到了黑水城的,历史上没有记载。说骨骸是罗氏的,这个结论还为时过早。"

说法也好，争论也罢，这都是后话。可惜的是，这具保存在苏联科学院内的骨骸，在第二次世界大战时的列宁格勒保卫战中神秘地丢失了，这给西夏学研究留下了永远的遗憾。

黑水城出土的雕塑品精美绝伦、世所罕见，尤其是双头佛像更是稀世精品。双头佛像，高62厘米。双头神情各异，分别向左右微侧、稍垂、头顶螺髻，鼻梁挺直，双眼俯视，面部丰满慈祥、略带微笑，显得神情生动、优雅柔和，富有感染力。一体四臂，两臂胸前双手合十，另两臂下垂、向左右下方伸展。从不同角度看佛头、身体和双臂都完美结合成一个整体，造型奇特，世所罕见。

科兹洛夫盗取的
西夏贵族画像

关于双头佛还有一个故事，出自记述唐玄奘取经故事的《大唐西域记》中，书中记载"大卒堵波石阶南面有画佛像，高一丈六尺，自胸以上，分现两身，从胸以下合为一体"。

这个佛像的产生是因为在古代印度的犍陀罗国，有一个穷人，是个虔诚的佛教信徒，经过多年辛辛苦苦、省吃俭用才积攒下一枚小小的金钱，把它交给了一个画工，请他在寺院中为自己彩画一身小佛像供自己礼拜，以表达对佛的敬意。一枚金钱画一身佛像是远远不够的，但已经是倾其

西夏绝世孤品双头佛

所有，画工被这位穷苦人的赤诚所感动，就不再谈论价钱了，答应他一定画成。这位穷人刚走不久，又来了一个穷人，也是拿着一枚小金钱要求画佛像，画工也答应不计报酬为他制作。画工就用这两枚金钱，请了一个高手，共同画成了一尊佛像。几天以后，两个穷人不约而同地来到寺庙拜佛，当他们看到画工只画了一个佛像时，心存疑虑。画工指着那身新绘成的佛像对他们说："我并没有贪占你们分文，你们的钱全用在这幅佛像上

了，但也只能画一身，可这要代表两个人的心愿。"话音刚落，佛陀便施出法力，佛像就显出了灵异，上身一分为二，变成了两个佛头共处一身的奇妙画像，并且放射出耀眼的光芒。两个穷人的愿望被满足了，心悦诚服，更加坚定了对佛教的信仰。

史书上记载的双头佛像，仅在壁画中见过几例，但未有实物流传。我们目前所知道的古代作品中根据印度佛经中的故事雕塑的双头佛像，全世界只有黑水城出土的这一件，是佛教中绝无仅有的稀世珍宝。

"两头野猪"闯进来

科兹洛夫这两次发掘黑城的结果一经公布，便立即震动了全世界，也招惹得英、美、瑞典等国的"探险家"们伸着鼻子，纷至沓来，疯狂盗挖。

美国"探险家"华尔纳

综合来看，科兹洛夫盗掘西夏国黑水城遗址，几乎将西夏国遗留文物全盘盗走。对中华文化是一次严重的破坏和残酷掠夺，这种对古文物的鲸吞将一切遗迹都损坏殆尽。就连另一个文物大盗——臭名昭著的敦煌文物盗窃犯，所谓的近代美国著名的"探险家、考古学者"华尔纳来到黑水城之后，目睹了惨景之后，都大骂科兹洛夫，"两头野猪（科兹洛夫和斯坦因），把这里啃得一干二净。"失望的华尔纳最后只带着几个破损的陶罐离开了黑水城，之后在敦煌藏经洞重演了和斯坦因一样的盗宝丑剧。继华尔纳之后，日本人也介入了对黑水城的文物掠夺。

1926年，科兹洛夫第三次来到了黑水城。他在一座藏式佛塔里发现了刻本、抄本书籍2000种以上，并发现300张佛画和大量木制和青铜镀金的小佛像。另外，他还在一座公主墓中发现了画在丝绸、麻布和纸上的佛教绘画 25 幅，至今保存在圣彼得堡博物馆。但是，他竟未能找到 17 年前所藏匿的文物。这部分文物至今下落不明，究竟埋在什么位置，埋了多少还是个谜。

科兹洛夫第三次来到黑水城发掘的时间长达两个月。事后，根据曾为科兹洛夫所雇佣过的牧民回忆，科兹洛夫这一次到黑城的目的很明确，即主要为黑将军当时埋在城内的宝藏而来。显然，总是能有意外发现的科兹洛夫，并没有放弃哪怕是一种传说的希望。科兹洛夫指挥所雇牧民，进行了旷日持久的挖掘。可当挖到一定深度时，狡猾的俄国人便解雇了牧民，只由他所带来的队员自己

科兹洛夫盗掘的阿弥陀佛接引图

挖掘。随后，科兹洛夫的两名队员却发生了意外，他们在深坑中挖掘时，突然鼻孔出血，昏迷不醒，据说还死了一人。科兹洛夫认为是黑将军的诅咒，挖掘被迫停止，已挖的洞穴也被重新填埋。

现在，虽然已经过去了 80 多年，仍然可以看到科兹洛夫在黑水城遗址城内西北角所挖掘过的大坑。从各类遗址的分布情况看，这里显然是当时将军府的所在地。科兹洛夫挖掘过的土坑，犹如在黑城的心脏部位留下了一个大大的伤疤，多少岁月的消磨掩盖，都难以将其抚平。黑水城是否真的埋有黑将军埋下的金银珠宝，看来将是一个永久之谜，只能听凭往来逞威的风沙任意处置了。

1927 年，瑞典人斯文·赫定带领的"中德西北科学考察团"在黑水城掘得一部元刊本《大藏经》。1930—1931 年，"中德西北考察团"在黑水城又发掘出 10000 多枚居延汉简，现在存于美国国会图书馆，成为镇馆

之宝。就这样，一座反映西夏古代文明以及周边国家文明的巨大图书宝库被瓜分了。

近代西方"探险队"依据黑将军的传说先后来黑水城遗址探宝，从这里掠夺了大量的珍贵文物和重要典籍。他们的行径也被他们的同族所不齿。英国彼得·霍普利所著的《丝绸路上的外国魔鬼》一书就真实地记录了这些文化强盗劫掠中国文化珍宝的历史，书中写道："这些人对于自己所从事的盗窃行为，反而感到心安理得，毫无愧色。这些帝国主义的文化侵略者盗走西夏文物壁画、手稿、塑像、铸像和其他珍宝，总数可以以吨计算。这些西夏珍贵文物至少分散在世界上 13 个国家的博物馆和文化机构里。"

新中国成立后，我国考古专家对黑水城进行了多次科学考察。特别是 1983 年和 1984 年，内蒙古文物考古研究所的专家先后两次、历时 3 个多月对千疮百孔的黑水城做了首次全面的发掘考察。黑水城的神秘面纱逐步被掀开，它的历史面目越来越清晰地呈现在人们面前。这次全面系统的发掘，把黑水城的街区、道路、寺庙遗址都进行了清理，清理面积达到 1100 多平方米，清理遗址 280 多处。

通过这两次发掘考察，考古专家们弄清了黑水城的地层关系和城市布局情况，发现了大量文书和文物，文书中有汉文、西夏文、蒙古文、藏文、古阿拉伯文等，总计编号达 3000 余号，并且将汉文文书中主要部分整理编辑成《黑城出土文书·汉文文书卷》公开出版发行，为研究黑水城以及西夏、元代社会历史和文化，提供了极为宝贵的文献资料。通过出土的西夏文字典籍，人们解读了西夏文，黑水城也成为全国重点文物保护单位。内蒙古考古队在对黑水城的两次挖掘中，共清理出西夏文献 3000 多页，但是大多数文献以残页为主，这和当年科兹洛夫掠走的文献相比，无法同日而语。

千年的时光弹指间就流逝了。黑水城在荒漠里沉默着，无语地诉说着沧桑的历史。由于历史的原因和贪婪的欲望，中国西夏王朝的历史存留被帝国主义列强的走卒盗走了，此事给西夏学研究造成了不可弥补的损失，也成了诸多西夏研究学者和社会各界心头永远的痛楚。

揪心的酸楚

黑水城，这是受诸多文明影响的集大成者，这是一座古老神秘而又苍凉的大漠隐者。可是，在西夏学研究方面，一直有一个"奇特现象"，这就是西夏学研究集大成者却在外国。

在俄罗斯圣彼得堡，当中国西夏学者第一次站在东方研究所内，站在黑水古城被盗文物、文献面前时，他们的心战栗了。这里有西夏文文献8000多个编号，其中不同版本的佛经近千种。这还不是它的全部，在距离东方研究所不远处圣彼得堡博物馆内，同样藏有黑水古城出土的大量西夏时期的雕塑、壁画、唐卡、绘画等珍贵文物。当来自故乡的学者们在俄罗斯守卫们警惕的目光中走近这些成就于中国大地上的灿烂文化时，那种揪心的酸楚让每个人都感到窒息。把俄藏全部西夏文物整理出版，弥补中国历史的缺憾，是每一个中国西夏学者的梦想。

20 世纪 90 年代，国内有不少学者呼吁通过外交手段索回散落在世界各地的西夏文献，目前看来这只能是一个海市蜃楼般的幻想。

1992 年，中方代表在俄罗斯与俄方接洽，联系出版西夏文献事宜，合作协议于 1993 年达成。此时的中国学者们清楚，他们所能做的只有利用有限的时间和难得的机遇，全力以赴地完成好这项历史工程。在前后4 次，累积约一年的时间里，专家学者们整理登记、拍摄了差不多四分之三的俄藏黑水文献，这些大都是极有价值的精品。目前，已编辑出版了《俄藏黑水城文献》。

黑水城遗址被科兹洛夫盗掘之时，正值中国国运衰微、帝国主义列强横行的时期，一伙伙外国"探险家、汉学家、考古学家、佛学家"打着

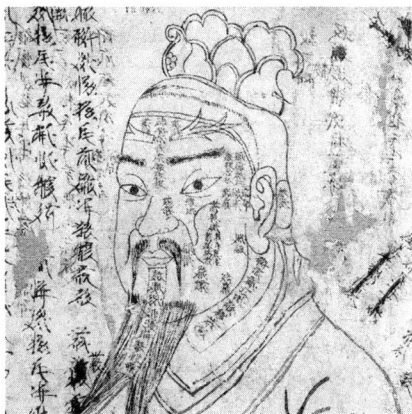

科兹洛夫盗走的黑水城相面手册插图

"考察""探险"的招牌，纷纷奔向了黑水城。他们昧着良知，贪婪地大肆盗窃，一批批珍贵的西夏文物流失到了海外，在中华文化史上留下了最为伤痛的一页。

这些贪婪的外国强盗有俄国人科兹洛夫、英国籍匈牙利人斯坦因、美国人华尔纳、瑞典人斯文·赫定……西夏文物让他们在西方声名大振，在西方学术界获得一个又一个耀眼的荣誉，而且为个人换来财富和地位。但在中国人民的心目中，他们却犯下了不可饶恕的罪行，他们的名字将永远被列入盗窃西夏王国地下国宝的"黑名单"中。

第六章　惊天大盗
——开封博物馆盗案之谜

　　1992年9月的一天深夜，古都开封市博物馆发生了一起震惊中外的国宝盗窃大案，价值超过亿元的69件文物珍品一夜被盗，这是新中国成立后国宝被盗数额最大的一起盗案。在两个多月的侦查过程中，警方多次陷入山穷水尽，最后，一辆不经意间进入侦查员视线的"军车"成为破案的转折点……

旧貌换新颜

　　开封是一座历史名城，文物遗迹甚多，人文历史遗产也非常丰富。因此，作为开封市市属博物馆收藏了大量的文物，展现着开封几千年来灿烂的文明传承。开封博物馆其前身是原来的河南省博物馆，后来河南省博物馆迁往郑州，开封就少了一个展现自我的窗口。为了弥补这个缺失，开封市政府于1962年3月在其原址筹建了开封博物馆。

　　开封博物馆位于开封市三胜街。建立之初，限于场地的原因和文物匮乏的状况，

开封博物馆

毫无筹划展览的基础可言。在条件不具备的情况下，博物馆工作人员采用向收藏家借用或征购展品的方式，先后举办了"古今书画展""中国历代货币陈列""历史文物展""宋代文物展"等10余个展览，影响力开始扩大，开封博物馆积累了更多的建馆经验。

但是，"十年浩劫"的来临无情地摧毁了开封博物馆的一切。不仅博物馆全部工作停止，而且此前举办的展览也大多遭到批判。经过十年的苦痛，开封博物馆变成了挂牌博物馆，里面的文物少之又少。这种现象一直持续到20世纪末80年代初。

众所周知，博物馆是一座城市的缩影，博物馆也是一座城市的名片。

1986年，开封市政府又选择新址扩建成今天的开封博物馆新馆，新馆坐落在风光秀丽的包公湖南岸，是该风景区著名的文化艺术宝库和旅游胜地，新馆于1988年9月落成开放。新馆占地面积16000平方米，总建筑面积10000余平方米，其中主体楼7000余平方米，系呈"山"字形仿古建筑，单檐歇山顶，黄琉璃瓦覆盖。正面三层，中心大厅四层，共有展厅13个。南北两侧有石刻碑廊面积500平方米，文物库房面积1500平方米。有了"梧桐树"，引来"金凤凰"，在开封博物馆全体人员的努力下，在社会各界的支持下，很快，开封博物馆的文物达到了5万余件，专业图书5万册，成为河南省最大的地市级博物馆。

开封石碑

开封博物馆属于社会历史与艺术性博物馆，20多年来收藏了大批珍贵文物。在现收藏的5万件藏品中，包括陶器、瓷器、铜器、书画、雕刻、石刻、货币、玉器、漆器、服饰及杂项等十八类，有一级文物数十件，二级文物1000余件，有的是天下仅存，也有的是国内唯一，如石刻中的"开封府题名记碑""开封石碑（共三块，一是重建清真寺记碑，明弘治二年；二是尊崇道经寺记碑，明正德七年；三是"祠堂述古碑记）""嘉祐二体石经""女真进士题名记碑"等弥足珍贵。

改革开放进入 20 世纪 90 年代后，开封的经济发展迅速，人们的观念也日益更新。作为开封市人民的骄傲，开封博物馆实现了一次历史性的跨越。各项展览活动的持续开展，使开封博物馆在向着成为文化开封名片的道路上不断前进，也使得开封博物馆这张文化名片越来越亮丽。经过不断提升、改造，开封博物馆的面貌焕然一新。馆内不仅设有空调系统，还有防火防盗系统以及书画专用的恒温恒湿展柜等现代化设施、设备。开封博物馆已经成为一座设施较为齐全、具有较高文化品位和地方特色的现代化综合性博物馆。

一亿元盗案

1992 年 9 月 18 日早晨，细雨蒙蒙，街头车水马龙，开封市民们又迎来了全新的一天。河南开封包公湖畔，开封博物馆的大门打开了，一大群工作人员聊着天陆续进入大院。寂静了一夜的博物馆渐渐醒来，等候着参观者的到来。

上午 8 时 15 分，工作人员马海娟、崔巧玲像往常一样，拿着铜钥匙熟练地打开博物馆明清宫廷用品展厅的大门，准备开始一天的工作。

推开门，只见展厅内一片狼藉，地面上散落着一些零碎的物件和宣传纸张，几个展柜里空空如也。展品不见了，两个人有点恍惚，她们互相看了一眼，都愣在原地，过了几秒，她们才醒悟——展厅里进盗贼了。两个人当即呼喊李主任，其他的工作人员也跑过来围观。李主任挤进来，推开围着的人，探头一看，一拍额头，心痛不已。

李主任命令她们两个人看住门，谁也不能进入现场，他立刻奔赴馆长办公室报告。

8 时 17 分，馆长颤抖着双手拨通了开封公安局的报警电话。

刑警支队支队长张天增正要召集队员们分析一起刑事案件，一个年轻的警官快步走过来，张天增便问：“什么事？”

“队长，博物馆展厅大量珍品被盗，总部命令速去现场！”

"好，马上行动！"张天增立即下达了命令，十几个警察各自分头准备，1分钟之后，他们跳上了等候在楼下的警车。

警笛声响起，一个平常的早晨就这样被一件不平常的事情改变了。

8时28分，5辆警车飞驰到博物馆门口，张天增率侦技人员迅速走进博物馆，来到明清宫廷用品展厅，展开勘查工作。随后开封市公安局局长武和平、主管刑侦工作的副局长胡安太，也从不同地点赶到现场。一个临时指挥小组成立了，刑侦人员在博物馆各个角落仔细勘察，寻找线索。

经警方初步勘查，发现展厅中有8个展柜被撬，69件珍贵文物被盗走，其中国家一级、二级文物就有59件。其中，国家一级文物中明代宣德年间青花缠枝莲纹盘、明弘治款黄釉瓷盘、明德化窑回纹三足炉、清雍正年间青花釉里红折枝果纹扁瓶等4件是我国窑烧青花瓷器中的极品；而另外3件一级文物，青玉山子、青玉佛手花插、青玉蔡柄活环匜等都是清朝乾隆年间的宫廷用品，其玉质之硬之纯，雕刻之精之细实为罕见。这些文物，精致脱俗，美轮美奂，实为国家瑰宝。馆长告诉警方，按当时市场估价，这些失窃国宝的总价超过亿元。

开封市警方感到了前所未有的压力，开封博物馆内馆藏文物较多，其明清宫廷用品是该馆最珍贵的馆藏文物，可谓是镇馆之宝。该馆自1988年10月1日建成开放后，曾发生过十余起失窃案件，其中文物被盗案四起，那四起案件中被盗的都是一般的文物，后都被追回了。但是，这次被盗的文物不但珍贵，数量和价值也惊人，确实令人震惊。

几位亲临现场的开封市公安局领导都知晓，这绝对是新中国成立以来全国最大的文物盗窃案，也是继达·芬奇名画"蒙娜丽莎"盗窃案后的世界第二大文物盗窃大案！没想到这个最不想听到和看到的"头衔"竟然出现在自己的管辖之地。开封市公安局迅速将这一案件上报给河南省公安厅，省公安厅接到开封报来的警情后，当即开了一个3分钟的碰头会，随后毫不迟疑地将这起案件报告给

青花缠枝莲纹盘

公安部。

当天，开封市成立了侦破"9·18"特大文物盗窃案指挥部；河南省公安厅成立了以侦破"9·18"案件为主的协调组。全省公安干警也紧急动员，全部上阵，在所有的交通要道，运输车辆等处检查可疑人员。开封市公安局又以刑警支队力量为主，从市区各公安分局直属科室以及交警大队、治安大队等调集了200余名精兵强将，成立了一个专案组。一时间，开封市各方办案高手、侦查精英，齐集一堂。

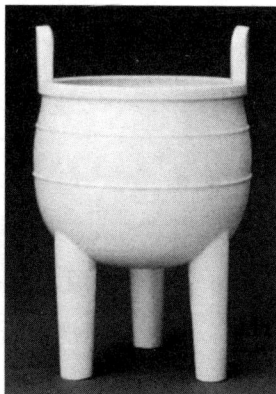

明德化窑回纹三足炉

在现场，警方提取了越来越多的盗窃遗留物，发现了红色平绒布、黑色票夹、玻璃刀、鞋印、撬痕等多种物证、痕迹。这些线索弥足珍贵，可以看出，窃贼在盗窃的过程中，是经过精心策划的，而且反侦察的能力很高，所有的行动都很直接、果断。

经过对现场初步勘查情况的分析以及对当时国际文物走私大气候的把握，指挥部制定了"立足开封，面向全省，辐射全国，伸向海外"的侦查方针。从现场勘查、物证排查、走访调查、赃物控制、社会发动五个方面入手，将参战干警分兵五路，以物找人，全面出击。

现场勘查组经过连续几昼夜的奋战，共提取案犯留下的物证、痕迹12种109件。通过对各种物证、痕迹的科技监测和经验分析，指挥部认为，这起文物被盗案系流窜犯罪团伙跨地区所为，案犯在两人以上。

从现场看，案犯对明清宫廷用品展厅及博物馆周围环境情况比较熟悉，事前必定经过多次踩点、预谋，因此案犯在开封肯定有落脚点；从作案手段看，案犯属于高智能犯罪，具有撬盗经验、攀登技术、反侦查意识，且对文物、红外线报警器有所研究。

直接进入现场的案犯有两名，一个身高170米左右，身体健壮，体态中等，年龄在25岁上下，此人作案时穿一双回力运动鞋；另一名案犯在172米左右，体态偏瘦，年龄约30岁，此人作案时穿一双弧形鞋。

根据上述结果，指挥部下令开展全市范围内的排查、走访，并紧急动员社会各方力量，提供破案线索。

一辆"军车"

5个调查组深入到开封市的大街小巷，有价值的信息一条条反馈上来。

首先，开封的文玩大市场没有任何异动，那些眼疾手快的文物店老板也没见过任何一件博物馆丢失的文物，可见，这些文物没有流向开封当地，而是流向外地。

物证调查组也有了初步结果，那些现场遗留的物证也不是开封市商户贩卖的东西，应该是窃贼自己带过来的。案犯遗留在现场的玻璃刀、红绒布等物分属4个不同产地，销售地有数十个城市，难以确定侦查范围。"查这些物证在市场上的交叉点，交叉点在哪儿，哪儿就是侦查重点。"张天增一语中的。

一次判断正确，可能是偶然，次次研判无误，则成就神奇。作为开封市公安局刑侦支队及其前身刑警大队的队长，张天增亲自参与并指挥侦破大案、要案数千起，为开封的稳定立下了卓著功勋，为数不清的无辜群众申了冤；作为公安部和省公安厅的刑侦专家，他多次奉命协助省内外公安机关破获疑难大案，打响了开封刑警能征善战的品牌。提起他，犯罪分子既惊惧又佩服；提起他，老百姓既感激又亲切；提起他，战友们异口同声，"张天增是开封刑警的灵魂"。

张天增也因此获得了"神探"的美誉。其实，张天增既非能力天生又非科班出身，入警前，他仅有初中文化程度，他在案件侦破中显示出的过人睿智，皆来自刑侦生涯的经验积累和对新知识的追求。在物证调查组一筹莫展之际，张天增一锤定音。很快，随着交叉点武汉的浮出，案件也打开了突破口。

走访调查组收获也很大。那些平日里小偷小摸的社会闲散人员都被一一摸底，他们都听说了开封博物馆被盗的事情，知道有一伙同行闯下了大祸，但是在他们的身边，并没听说有人做这件事，看来，这是外来的贼所为。

社会发动组的收获最大。包公湖渔场的工人吴玉柱反映：案发当日的凌晨 1 时 50 分，他和同事顾保国等三人巡湖至中坑南环路包府坑加油站北墙外时，发现有一辆白色桑塔纳轿车停放在阴影里。他们以为有人偷鱼，便走近查看，发现车上空无一人。这辆车深更半夜停在这里，着实令人奇怪。吴玉柱便用强手电照了照车牌，还对另外两人说："这是军车？还是桑塔纳，牛啊！在这儿搞啥鬼？"顾保国围着车转了一圈，说："看样子不像偷鱼的，这附近也没有军事单位，他们把车停这干什么？"因为要继续巡湖，他们三人很快就离开了，等他们再次返回此地时，发现车已经不在了。

办案的警察问："你根据什么说那辆车是桑塔纳轿车？"

吴玉柱不好意思地笑了："我这个人就是喜欢车，桑塔纳轿车那是啥档次，咱开封能有几辆？那坐上去真是稳笃笃，我告诉你，桑塔纳的后尾灯位置最高，我一眼就能看出来。"

警察笑了："为什么说是'部队的车'，而且是'空军的车'？"

吴玉柱自豪地说："我当过兵，知道带红色'K'字头的白色车牌的车都是空军的。这个错不了，你们肯定也知道。"

警察点了点头，问道："还记得车牌号码吗？"

吴玉柱尴尬地笑了："只顾着看车了，没记住车号，只记得中间不是一个零就是两个零，其余的数字记不清了。"顾保国和另外那名同事也对车牌号没印象了。

调查组的警察为此又走访了许多住在博物馆附近和在附近工作的人，尤其是那些上夜班的人。不久环卫工人杨长明也提供了一条同样的线索：案发当日凌晨 3 时 30 分许，当他上班行至包公湖中坑南环路包府坑加油站北墙外时，发现那里停着一辆轿车，因雨夜太黑，没看清车牌号。当时他只顾着骑车，雨衣遮挡了视线，但是他还是看清楚了车是浅色的。

另外，开封中司木业文化用品有限公司两名工人提供线索：18 日凌晨 3 点多钟，我们起床做饭，看到加油站的斜墙上有一个人站在那里躲

包公湖

雨。此人躲在斜檐下，一瞥之间，朦胧看到是个年轻人，面色较白，应该是个养尊处优的人。

随着各个调查组的调查工作的深入，各种信息接踵而来，一个清晰的脉络逐渐显露出来。

假教授

在对博物馆工作人员和保卫人员的走访中，一个值勤的警卫人员和职工李娟提供了一条更重要的线索，据他们回忆：9月初，有一个奇怪的年轻人曾两次到博物馆参观，在案发前日又来过一次。这个人自称是"武汉大学教授"，说来开封参加一个会议。

警卫人员回忆："武大教授"第一次来博物馆是9月1日下午2点多钟，他先是独自一人到馆，进展厅前与警卫聊了会儿天，自称是"武大教授"，还有意无意地问起警卫夜间值班辛苦不辛苦，一副高高在上、"体察民情"的模样。警卫觉得这个人有点莫名其妙，举止有点可疑，因此对他留意了一下。交谈过后，"武大教授"离开了，参观了"明清宫廷用品展"，他好像很懂文物，看得非常入神，在厅内停留了一个多小时。馆内的工作人员李娟注意到了这个"文物行家"，因为这样的游客不多见，便对他的面貌端详了一番。见李娟注意到自己,这个人便自称是"武大教授",来开封参加"黄河中下游研讨会",还对展柜里的文物稍加点评。这获得了李娟的钦佩。

"武大教授"第二次来是9月3日下午2时许,李娟看到"武大教授"带着一个身高一米七左右的男子再次来馆参观,因下午学习展馆不开放,俩人没有进展厅,只在外面参观了"石刻廊"。两个人在馆内转悠了一会儿,还拍照留影。因为当天的游客很少,所以李娟对这两个人印象比较深刻。李娟说,那天下午学习时,因为自己是坐在二楼的窗户旁,所以她看到了"武大教授",但是武大教授没有看到她。

第三次是9月17日上午,"武大教授"又带一男青年来到博物馆。恰好9月1日那天值班的警卫站岗,他对这个"武大教授"印象很深,便注意了一下他们行走的路线,看到他们到一楼北展厅参观"明清宫廷用品展"去了。这一天,李娟也恰好在场内工作,她第三次看到这个"武大教授"。由于当天游客多,她也很忙,她认为也许"武大教授"早就把她这个小人物忘记了,也就没和这个"武大教授"打招呼。

有了这个爆炸性的线索,警方的思路顿时清晰了很多。他们立刻排查了9月以来,开封市各个机关单位、工矿企业等召开的各种会议,结果发现9月以来开封根本没有召开过什么"黄河中下游研讨会"。这个"武大教授"作为头号嫌疑人,列为警方突破的目标。

根据这条线索,警方迅速对全市285家宾馆、饭店、招待所、旅社进行排查,确认:自8月31日至9月18日,18至35岁的外地旅客来开封住宿登记的共27200多人,其中武汉籍旅客85人。

在距开封博物馆200米斜对面的大饭店查到,9月2日,有4个来自武汉的青年男子来此投宿,并于9月7日离店,其住宿登记为:

李军,男,28岁,工作单位武汉铁路分局;唐国强,男,32岁,工作单位武汉铁路分局;陈纳德,男,32岁,工作单位武汉铁路分局;前3个人都有身份证登记,只有最后一个人没有登记。可是经过查询,这3个人的身份证都是假的,而且武汉铁路分局也没有这3个人。

开封博物馆收藏的文物

此外，侦查员在与博物馆斜对面的迎宾饭店的住宿登记簿上也查到，9月2日当天，李军、唐国强、陈纳德在这家饭店也登记了，是一个三人间，其身份证号码与在大饭店所填一致，但登记后，这3个人却未在此住宿。迎宾饭店的女服务员回忆说："当我看到他们的住宿登记姓名时，突然发现有'唐国强'，以为大明星驾到。第二天我收拾房间的时候才发现，他们根本没住宿，房间里的被褥都是整整齐齐的。"

根据宾馆知情人的描述，3个人的面貌特征初步显露出来。

疯狂的试驾

9月29日深夜，喧嚣了一天的城市，已渐渐进入了梦乡。在河南省会郑州，市公安局党组会议室依然灯火通明，侦破开封"9·18"案件第三次工作汇报会正在进行。当来自郑州公安分局的一个警察重点说起8月5日郑州金桥宾馆发生了一起盗窃桑塔纳轿车案件时，全体成员的眼睛顿时亮了。

经追踪了解，7月29日，有三个自称是广州宏达电子公司的青年，驾驶挂"空军牌照"K43-1008的红色夏利车到郑州市金桥宾馆，进了1003房间与开封机电公司驻郑州办事处主任傅焕成洽谈购车事宜。这三位青年的名字分别叫林沙、李军、陈纳德。当天对购车事宜谈得很成功，次日中午，林沙等人要求试车，傅焕成爽快地答应了。试车时，其中一人驾驶白色桑塔纳在宾馆院内试车，突然他狂踩油门，发疯一般驾车驶出了宾馆大门。傅焕成大惊。剩下的两个人安慰他，"你怕什么，我俩不是在这没走吗？少不了你的车。"过了约40分钟，车才返回，开车那个人下车之后就说，车况不怎么好，想成交的话再降1万元。傅焕成当即拒绝，那3个人又讨价还价了几分钟，然后就退房走了。

5天后，傅焕成一早醒来，发现那辆停在宾馆院里的白色桑塔纳不翼而飞了。他当即就报案了，也向警方提供了李军等人的可疑行为。经当地接案的分局查证，得知李军、林沙、陈纳德等人在金桥宾馆1203、1201两间房住宿时填写的个人资料全是假的，使用的身份证经技术侦查也是伪造的。可以确定，就是这3个人盗走了傅焕成的桑塔纳。

出现在开封博物馆的桑塔纳终于找到了线索，大家预感到案件可能已出现转机。指挥部的决策者们立即展开了讨论：林、李、陈、唐同时都在郑州金桥宾馆和开封东京大饭店住过，且在两地都出现过带 K 字头的军牌照车，这意味着什么呢？郑、汴两地出现的林、李、陈、唐四人系一个团伙。

根据郑州、开封两地饭店宾馆服务人员以及开封机电公司职工提供的李军、陈纳德等人的体貌特征，专案指挥部对李、陈等人进行了更加细致地模拟画像。经李娟和警卫人员辨认，陈纳德即是"武大教授"，也就是开封博物馆盗窃案的主谋。

河南省公安厅在听取了整个情况汇报也推断："桑塔纳轿车可能就是突破口。"指挥部当即决定两案合并侦查，以车找人或以人找车。

虽然那个年代轿车并不多见，但在全国范围找一辆普通的白色桑塔纳，也无疑是大海捞针。干警们奋战了50多个日日夜夜，案情仍没有大的突破。破案工作陷入了僵局。

既然疑犯登记和口述的话语中都自称是武汉来客，经过一番缜密的分析，指挥部的决策者们把侦查重点指向江城武汉。开封市组织的一支精干的侦查小队进抵武汉，此时，武汉市公安局也组织了一支精干的小组与开封市工作组并肩战斗。

第一个调查目标就是武汉铁路分局，也就是嫌疑人在大饭店住宿时填写的所在单位。使人惊诧的是，铁路分局对面是一个军事机关，而距此不远的珞珈山麓则坐落着武汉大学。"陈纳德"等人在郑州金桥宾馆"买车"时曾自称是"省军区的"，到开封博物馆"参观"时又称是"武大教授"。偌大个武汉市，这三个单位恰好如此集中地在一起！这表明，这个"武大教授"肯定生活居住在这附近，对这一带的情况十分了解，因此拿来掩饰自己的身份。

"我们就以这一带为重点，重点调查。"专案组断然下令。

群众的力量是巨大的，武汉市公安局召开了一个专项会议，要求各城

被盗文物明弘治款黄釉瓷盘

区刑警队长及市局防暴、治安、户政、交通的负责人到会，一场全市的拉网行动开始了。包保民警深入群众，挨家挨户走访，通过十多天的紧张工作，武汉公安机关发现了一些与"9·18"案件有关的线索，侦查范围逐渐缩小，最后缩小到不到一平方公里的范围。但是，对这最后一平方公里的统一行动里没有发现嫌疑人，也没有发现嫌疑车辆的任何迹象……

龟兔赛跑

12月1日上午10时，来自开封的王伟和另一位办案民警在汉口南京路由东向西巡查，他们的目光注视着每一辆驶过的车，行至鄱阳街与南京路十字路口时，由北边驶来一辆白色桑塔纳。说时迟，那时快，两个人犀利的目光同时盯准车牌："K43-1008，军牌有两个0。"

王伟俩人立即追了上去，就在他们气喘吁吁的时候，一辆夏利出租车开了过来，王伟拦住车，两个人跳上出租车。

"师傅！我们是警察！快！帮忙追上前面的那辆桑塔纳！"王伟出示

工作证，指着远处渐渐消失的白色桑塔纳。

出租车司机说了一句："好，没问题！"

宽阔的马路上，出租车加大油门，但是，追到十字路口的时候，却不见了桑塔纳的身影。出租车只好右拐，来回兜圈，十几分钟后，他们意外地发现这辆桑塔纳竟然停了了武汉海关大门外北侧。王伟刚想下车，只见有个人拉开桑塔纳的车门坐了进去，然后，车就驶离海关大门。轰鸣的马达声，轮胎在地面摩擦的噪声响起，桑塔纳又飞驰在车水马龙的大街上。

王伟乘坐的出租车立刻跟上去。司机是一个十分风趣的人，他警匪剧也许看多了，一边开车，一边追问，逃跑的是什么罪犯……虽然两辆车都在加速，但是夏利车哪是桑塔纳的对手，眼看着两车的距离越来越远，出租车的油门都踩到底了，桑塔纳还是无影无踪了。

司机一个劲地自责，王伟安慰他说："师傅，你尽力了，就算是我们局里的警车，估计也就是这么个结果，车不行真追不上啊！"那个时期，中国警方的车辆大都是使用了多年的老车型了，不仅速度差，即便抛锚也是很常见的。所以，从 20 世纪 90 年代起，中国警方开始逐渐装备先进车型的警车。

经王伟和另一名警察的描述，开桑塔纳的司机模样非常符合化名叫唐国强的人。得知这个消息，武汉市公安局立即表示："既然目标在武汉，我们挖地三尺也要把他揪出来！"当晚，武汉市公安局 3000 多名干警分扼三镇主要街道、路口，张网以待。

第二天上午，武汉警方通过对海关的调查，查明了昨天乘白色桑塔纳轿车到武汉海关办事的人叫刘昱，男，30 岁，住江岸区花桥二村 67 号 4 楼 2 号。刘昱于 1 日上午 8 时 15 分左右到海关办理到珠海拱北海关摩托车转关手续，并已于当天上午 11 时 50 分乘飞机去广东拱北海关提货去了。难怪，王伟追不上他们，原来他们是赶飞机去了。

当天下午 3 时许，这辆车牌 K43-1008 白色的桑塔纳再次出现在大街上。武昌交通大队的一个民警在武昌区小东门发现并扣留了这辆挂军牌的白色桑塔纳轿车及司机的驾驶执照，不过一起乘车的女人却转身走了。根据被扣驾驶执照，了解司机名叫刘进，男，1959 年 12 月 17 日生，家住武昌民主路，车上的女乘客正是他的爱人艾某。

经武汉交警大队查对白色桑塔纳轿车发动机号，发现没有任何记录，最后确认其系郑州金桥宾馆内被盗车辆。而开车的刘进已成了热锅上的蚂蚁。他实在太爱玩车，太爱耍酷了，他对这辆崭新的白色桑塔纳轿车爱不释手，而且他自认为"9·18"案件做得天衣无缝，警察无论如何也不会找到他头上。因此尽管他一向佩服的"大哥"警告他"千万不要再开车出来，不然会惹祸"的忠告，他也不屑一顾。三天前，他就开始驾车四处兜风，享受无数人羡慕的眼光。

当车被交警拦住时，刘进这才感到大难临头了，他一边坚称车是自己的一个哥们从南京买来的，一边四处托人打探消息。赃车被扣，成了公安机关顺线追踪、侦破"9·18"的突破口。警方决定按兵不动，守株待兔，让罪犯自投罗网。

12 月 3 日下午 6 时，武昌交通大队、汉阳分局民警得知，有一个叫杨长明的人在打听扣车的事，并要求将被扣留的白色桑塔纳轿车取走。

警方果断决定："抓获杨长明，顺藤摸瓜！"

晚 7 时，汉阳公安分局将杨长明等人在汉阳区和平新村抓获，并于6 日依法对杨长明家进行了搜查，在他的家中，刑警搜出了五件文物，其中有万历哥窑青花蝶纹瓶、青花绘纹瓶、黄釉瓷炉等。经查对这五件文物，都是"9·18"开封博物馆被盗的珍品。

刘进自感危机来临，早在警方行动前就逃之夭夭了。

这什么玩意

在铁的事实面前，杨长明交代了内弟刘农军（化名陈纳德）伙同刘进（化名唐国强）、文西山（化名林沙）、李军四人 9 月 18 日盗窃开封博物馆的事实：

1992 年 9 月 20 日，刘进、刘农军等人，从郑州开白色桑塔纳车回武汉后，打 BP 机给杨长明，让他准备一些纸箱和碎纸条等包装物，说是有一批东西需要打包。杨长明就找了几个纸箱和一袋子印刷厂切割下来的碎纸条给他们送过去。后来刘农军又问杨长明"有没有空房子"，杨长明便提供了一处空房，把钥匙给了他。

　　当晚，杨长明找到刘农军后，刘农军神色诡秘地让杨长明在门外等一会儿。杨长明连抽了 3 根烟，最后都想骂娘了，刘农军才喊他进屋。杨长明进屋后，看到刘农军的朋友彭坚（武汉监狱民警）和汪义强（彭坚的姨夫）也在屋里，感觉气氛不对，知道有事。当杨长明看到屋里那些包装整齐的纸箱问"是什么玩意"时，刘农军神色阴鸷地说："文物。说出去就会交炮（枪毙）！这是发财的事，有你的好处，怎么样？"杨长明知道如果不顺从，自己的结果也不会好。屋子里一共有12 箱文物，当晚转移到彭坚家 9 箱，刘农军和李军带走 1 箱，剩下两箱交给杨长明保管。

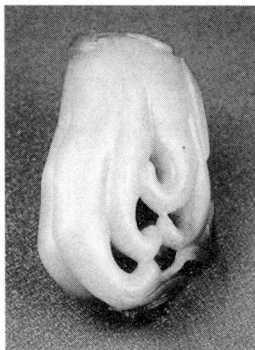

被盗文物青玉佛手花插

　　12 月 6 日中午，武汉市公安局将彭坚抓获。彭坚交代：10 月 12 日，彭坚和汪义强用一个 18 寸凯歌电视机箱子和两个音柱箱将 9 箱文物伪装，于 13 日由彭国礼开车，汪义强、彭坚护送，将其运到了王家墩机场，送上 4031 号飞机，运往广东佛山机场。尔后，刘农军、汪义强俩人乘当日飞机至佛山，到佛山机场把货接走了。

　　12 月 10 日，公安部向全国发出了通缉令，对案件的主要嫌疑人刘龙军、刘进进行通缉。迫于政策和法律的强大攻势，南逃广州的汪义强返回武汉投案自首，并提供了刘农军、刘进在广州的活动情况。

　　武汉告捷，并没有使侦破"9·18"案件的指挥员们心头的大石落下：案件虽已明朗，但主要犯罪分子很可能闻讯藏匿起来，为下一步的抓捕和追赃增加困难。

　　为防止被盗文物和主要案犯出境，指挥部决定集中优势兵力，在广州一举围歼案犯。10 多天后，一个神秘的电话打到广州市公安局，表示愿意将文物交出，但惧怕被抓，不敢前往。经广州市公安局 11 处的警察精心运筹，55 件被盗文物辗转回到广州，于 12 月 23 日 0 点 55 分交到广州市公安局 11 处。喜讯传来，"9·18 行动"指挥部一片欢腾，一颗颗忧虑已久的心瞬时得到平静。祝贺之余，公安部领导要求参战干警一鼓作气抓获另外四名主犯。

可悲的"最强大脑"

1993 年 1 月 9 日 12 时 40 分，赴广州工作组获取了一条重要情报：刘农军派人于当日到广州活动，筹集出逃所需的资金。情况紧急，关系重大，如何引蛇出洞呢？参战干警与犯罪分子开始了斗智斗勇。工作组制定出一套战斗方案。

1 月 9 日下午 2 时 40 分，当一个穿夹克、戴墨镜的年轻人神情慌张、鬼鬼祟祟地出现在广州街头时，被守候在此的干警当场擒获。从他身上搜出了刘农军与其妻凌海滨的两本化名为凌达伟、凌海红的委内瑞拉护照、两张香港至伦敦的飞机票以及其他钱物。据其交代，刘农军正潜伏在青岛，准备做整容手术后出境。

这一情报的分量不言而喻，赴广州工作组的同志于当日下午 5 时将信息反馈到指挥部。青岛市公安局闻讯而动，于 1 月 9 日晚抓获了"9·18 案件"首犯刘农军。

刘农军，29 岁，武汉市武昌区人。中学毕业后，在武汉市公安学校就读，他的梦想是做一名警察，但是他喜欢花天酒地的生活，为了有钱潇洒，他盗窃学校教学器材变卖，后被学校开除。之后，刘农军在湖北江汉大学自修毕业。1983 年以后，他长期流窜在外，黄赌毒无一不沾，并与港、澳黑社会组织搭上关系。为了干一笔大买卖，他想到过绑架、贩毒，甚至盗取文物走私境外等方式，最后他觉得前两者风险太大，于是他闭门谢客，潜心钻研文物书籍。3 年的时间小有成就，5 年的时间他已经成为一名出色的文物鉴别高手，如果他从此走向正路，用自己的学识赚钱，也差不到哪里去，可惜他已经在犯罪的道路上无法回头了。由于他反应灵敏，诡计多端，在社会上混的那些人都拿当时最时髦的一个事物称呼他——"计算机"。

刘农军一向也以"最强大脑"自居，他自以为"9·18"案被他策划得天衣无缝，公安机关根本无法破案。当公安人员讯问时，他像没事人一样，时而答非所问，夸夸其谈；时而态度傲慢，避而不答。

连续两轮突审不下。奉命从开封连夜赶来的张天增仔细揣摩了刘农军的心理后，端着一杯浓茶，提着一箱方便面走进了审讯室，这架势当时就让刘农军有了心理压力。

"刘农军，你别觉着有多大本事，其实你就是个马仔级人物，可悲！"照头一句话就打掉了刘农军的傲气。"你真读过那么多书？那跟我这个初中生过过招儿吧。"第二句话又"拱"起刘农军的火。

面对不可一世的刘农军，张天增不急不火，将计就计，先任其大讲特讲自己的风光历史，而后从中找出矛盾与漏洞，集中火力一一批驳，挫其锐气。就这样，连续3天，张天增时紧时松，完全占据主动。刘农军则阵脚大乱，开始一点点交代他策划、指挥、盗窃开封博物馆文物的犯罪事实。

彻底服了

但是，当追问另一个犯罪人员文西山的行踪时，刘农军笑了。他不屑一顾地说："你们抓到我是因为我被出卖了，文西山你们就别想了，这辈子你们也抓不着他了。"

"呵呵！好大的口气，文西山算什么？他能上天入地不成？"张天增逼问。

"我说抓不着，你们肯定抓不着！"刘农军十分肯定地说。

为什么刘农军这样认为，原来这个文西山不是一般的贼。文西山，33岁，湖南省东安县井头圩镇有江村人。1983年他因犯盗窃罪被判处有期徒刑9年。1986年5月被减刑提前释放后，长期流窜作案，在黑道上号称"江洋大盗"。

文西山自幼习武，体格健壮，身手敏捷，4米高的墙，助跑之后三两步就能蹿上去，飞檐走壁对他来说就是小菜一碟。据博物馆现场的勘察痕迹得知，有一个人的脚印十分古怪，地面有五趾抓地的痕迹，这是文西山从高处落地时所为，表现出超强的身体平衡能力。文西山师承南少林，外号"飞贼"，从三楼跳下毫发无伤；他为人阴沉，报复心理强，三五个硬汉近不了身，可惜这身功夫用错了地方。

刘文军十分佩服文西山，而且文西山也非常信服他。刘文军为了收服文西山也是费了一番脑筋的，文西山便死心塌地追随刘文军。两个人事前有约，在什么情况下自行逃离。刘文军对自己落网愤愤不平，他认为都是刘进害了大家，如果当初自己处理掉这辆车，就什么事都没有了。如果刘进不开着桑塔纳到处兜风，这个案子就坐实了，这个时候大家早就有大把大把的钞票而且他也在香港花天酒地了。

张天增一边加强心理攻势，一边故意和刘文军"杠"起来。既然文西山这么厉害，我们警方非抓到他不可。刘文军连说"不可能"。最后张天增问："你把文西山的藏身地址告诉我们，我们就能抓到他。"

刘文军就是不相信文西山会被抓，最后他说："我俩有约定，如果我在规定的时间里不联系他，他就会马上逃走。我就是把地址给你们，你们也找不到他。"刘文军如此挑战警方，确实很嚣张。为了证明自己说的没错，他不但把文西山藏身的城市告诉警方，还说我就坐在这里等你们的消息，看你们能不能抓到他。

文西山在与其他盗犯分开后，一个人偷偷溜到了东北。当他获知案情暴露后，就准备再次潜逃。但是知道他藏身之处的只有刘文军，他不相信刘文军会被抓，因此还有期待。可是在规定的时间里，刘文军没有联系他，他感觉可能出事了。

寒冷的东北，地广人稀。吉林市劳动局招待所里，文西山一个人站在房间里，他趴在窗户上向外张望，没什么异常。但是，他却心神不安，马上离开成为他最大的心愿。他匆匆下楼，喊来服务员结算住宿账目。刚刚结算完，宾馆的门拉开了，进来了两个人，他们看到文西山站在柜台前，就走过来问："还有房间吗？"

文西山猛然警醒，这两个人明显是当地口音，当地人为什么要住店？

服务员说："有，要什么样的房？"

"两个人住，便宜点的就行！"无意间，文西山被这两个人一左一右夹住了。随后，文西山瞥见门外似乎还有人要进来。

"忘东西了，我上楼拿一下。"说完，文西山就往楼上走。

那两个人好像没有跟着上来，文西山松了一口气，他走到二楼的一扇窗户那，那是一个他早已瞄上的逃生路线。正在他要推开窗户时，下面传来一阵急促上楼的脚步声，文西山暗叫不好，推开窗户就往外跳。可是，东北的屋子里因为有暖气，窗户在温差变化时都会有水汽凝结成冰，虽然文西山每天都会打开这扇窗户一两次，但是它还是总结冰难以推开。文西山只好用力一推，窗户终于开了……

正当文西山要跳上窗台时，猛然间，他的衣服后襟被死死抓住，文西山回肘就是一击，一个人倒在了一旁，他一扭头，正是刚才楼下的两个人。另一个大汉出手就是一拳，直奔文西山而来。文西山一挡一冲，就化解了招式，抬腿一脚，片刻间就给自己留出了一个空当。第一个被他肘击的倒在地上的人突然一个铲球动作，双脚踹向文西山。文西山一挪脚，避开了，然后他跳上了窗台。第二个人又扑了上来，抓住文西山的腰部，一个过背摔，将文西山狠狠地摔在地上。文西山顿时慌了手脚，还未起身，就被先前倒在地上的那个人死死按住。楼下又有几个人冲上来，给文西山戴上了手铐，被刘文军吹捧到天上的人就这样被吉林市公安局刑警队的两名队员擒获了。

刘文军只知道文西山躲在吉林市，具体地点他也不清楚，但是他做梦也没想到，从他说出文西山的行踪，到文西山被俘，仅仅过去了不到 4 个小时。吉林市的警察如此迅速地抓获文西山，确实让他颜面扫地，再也难以保持那份假装出来的镇定了。

刘文军终于惨败下来，他向张天增哀叹："败给你，我服。"

智斗刘农军，3 天 3 夜大功告成，可是走出审讯室的门之后，心力透支的张天增（2007 年，因突发心肌梗死，牺牲在工作岗位）却连根香烟都夹不起来了。

北方大汉

刘农军与文西山接连被捕，让开封市的干警们为之振奋。大家信心十足，力求尽快抓获其余二犯，追回全部被盗文物。

1993 年 1 月 17 日下午 4 时许，赴广州工作组接到一个可靠情报：刘进将于晚间 6 时在广东省中医院门口出现。刘进也是一个惯犯，时年 30 岁，武汉人。他 15 岁那年因犯罪被少管；1982 年因盗窃被劳教，解教后长期流窜在外。

1 月 17 日下午 6 时 10 分，广州惠府路。一辆红色桑塔纳轿车由南向北驶来，驶进中医院门口。守候在此的开封市公安局两个刑警早已等候多时，他们互相交换了一个眼色，不急不慢地向那辆车走去。此时，那辆车正缓缓而行，车门已经打开了一个缝隙，刘进肯定是在观察情况。刘进突然发现车后有两名身材高大、大脸盘的北方大汉向他冲来，意识到事情不妙，遂关紧车门向司机吼道："快开车！快开车！"但为时已晚，一个刑警端着手枪以身体抵在车前，将枪口对准司机，大声喝道："不许动！停车！"

面对黑洞洞的枪口，司机熄了火。与此同时，另一个刑警握住右后门拉手，一把拉开车门，把刘进拎了出来。

刘进惊恐万状，惊问："干啥？干啥？"

刑警大声喝问："叫什么名字？说！"

"刘进！"周围便衣警察一拥而上，将其铐上手铐。

1 月 19 日，刘进、文西山分别被押解至开封，此时，"9·18"案件的主犯只剩下了李军仍然在逃。

李军，时年 30 岁，吉林省吉林市永吉县人，从事流氓、炒车票等违法犯罪活动，属于长期流窜作案，罪行累累，其人精于算计，胆大妄为，

国宝劫影：盗案之谜

虽然不懂什么功夫，但是身手敏捷，体力超强。

开封市公安局预审组抓住案犯惊魂未定之机，对文西山进行了突审。经审讯，文西山不但交代了作案全过程，而且提供了李军在吉林的隐藏地点。信息再次反馈到吉林，吉林市公安机关以迅雷不及掩耳之势，将正在姘头家准备过年的李军生擒。

开封博物馆"9·18"大案所有案犯全部落网，这个案值超过一亿的盗窃案终于有了结果。

自作孽不可活

20世纪90年代初，随着国际文物走私黑浪卷起，刘农军早已把贪婪的目光投向了开封博物馆馆藏文物。他于1991年6月在广州将各怀"绝技"的犯罪分子刘进、李军、文西山纠合在自己麾下，开始了盗窃文物的罪恶勾当。为增强作案的机动性，他们先在广州窃得一辆红色夏利车。然后通过彭国礼将驻汉某部"K46-1008"军车牌照改为"K43-1008"，挂在车上。

1992年7月，刘农军一伙先后两次到开封博物馆侦查情况，并合谋制订了作案计划。为了保证作案后能迅速逃离现场，刘农军觉得必须得有一辆好车。他们的夏利车车速太慢，于是他们假装买车，在试车的时候自行配制了车钥匙，几天后盗走了开封市机电公司正售卖的白色桑塔纳轿车。9月1日和3日，刘农军两进开封博物馆踩点，他们绘制出详细的展厅文物分布图和路线图，伺机作案。

9月16日，天空布满阴霾，他们带着作案工具，一路驾车离开武汉赴开封，17日驶入开封市区，到博物馆观察情况，发现无异常变化后，即窜至兰考县招待所养精蓄锐。

当晚9时30分，刘农军一伙从兰考潜回开封，在博物馆周围窥伺动静。18日凌晨1时许，他们将"K43-1008"轿车停在包公湖中坑南岸的加油站北墙外，刘农军和刘进躲在附近，用对讲机遥控指挥；文西山和李军负责盗窃。

文西山先是翻上墙头，放下绳索，把李军拽到墙头，然后两人跳入院子里。按照事前设计好的路线，他们撬窗入室，实施作案。凌晨4时许，室内撬盗完成，刘进即开车至博物馆北围墙外接应。文西山依旧翻上墙头，将盗窃文物转移到墙外，最后把李军拽上来。他们将盗得文物放置在轿车后备厢后，立即逃窜。

刘文军策划的这起博物馆盗窃案，自认为天衣无缝。他们反复演练，幻想着成为电影里塑造的那种"名震天下"的窃贼，靠倒卖国宝过上花天酒地的生活。哪知天网恢恢，疏而不漏，就是这样一起精心策划的盗窃文物大案，在全国多个省市公安干警的不懈努力下，万里追踪，不仅全部案犯无一漏网，而且被盗文物也完璧归赵。刘农军等罪犯全部被起诉，有的被枪毙，有的被判刑，得到应有的惩罚。

此案正应了一句话：蔑视法律，必将受到法律的制裁。

第七章　连环盗
——清东陵国宝盗案之谜

　　清东陵是清朝皇族成员去世后埋葬的地方，众多的皇帝、皇子皇孙以及皇后、妃嫔们集中长眠在此处。伴随着他们逝去的灵魂，是数量巨大不可多得的稀世珍宝。本来坚固无比的陵寝，在那些贪婪的盗贼策划下，一个个地宫被轰然打开，奇珍异宝被盗取一空。说到国宝盗案，清东陵始终是一个沉痛的话题……

好一块风水宝地

　　清代的帝王陵寝，分为清初关外三陵、清东陵和清西陵三个陵区。其中关外三陵在辽宁，清西陵、清东陵均在河北。在北京以东 125 公里的河北省遵化境内，有一处地势宽敞，河流环绕的难得的"风水宝地"。这里就是清东陵。

　　清东陵于 1661 年（顺治十八年）开始修建，历时 247 年，陆续建成217 座宫殿牌楼，组成大小 15 座陵园。陵区南北长 125 公里、宽 20 公里。清东陵是中国现存规模最宏大、体系最完整、布局最得体的帝王陵墓建筑群。这里长眠着包括顺治、康熙、乾隆、咸丰和同治等 5 位大清皇帝，15位皇后、136 位妃嫔、3 位阿哥、2 位公主共 161 人。

　　清东陵的 15 座陵寝是按照"居中为尊""长幼有序""尊卑有别"的传统观念设计排列的。入关第一帝世祖顺治皇帝的孝陵位于南起金星山，北达昌瑞山主峰的中轴线上，其位置至尊无上，其余皇帝陵寝则按辈分的高低分别在孝陵的两侧呈扇形东西排列开来。

孝陵之左为圣祖康熙皇帝的景陵，次左为穆宗同治皇帝的惠陵；孝陵之右为高宗乾隆皇帝的裕陵，次右为文宗咸丰皇帝的定陵，形成儿孙陪侍父祖的格局，突显了长者为尊的伦理观念。同时，皇后陵和妃园寝都建在本朝皇帝陵的旁边，表明了它们之间的主从、隶属关系。此外，凡皇后陵的神道都与本朝皇帝陵的神道相接，而各皇帝陵的神道又都与陵区中心轴线上的孝陵神道相接，从而形成了一个庞大的枝状系，其统绪嗣承关系十分明显，表达了瓜瓞绵绵、生生息息、江山万代的愿望。

清代帝王在选勘陵址时，以中国传统的"风水学"理论为依据，刻意追求"龙穴砂水无美不收，形势理气诸吉咸备"的山川形势，以达到"天人合一"的意象。清东陵正是这种理念的最佳体现。陵区东侧的鹰飞倒仰山如青龙盘卧，势皆西向，俨然左辅；西侧的黄花山似白虎雄踞，势尽东朝，宛如右弼。靠山昌瑞山龙蟠凤翥，玉陛金阙，如锦屏翠障；朝山金星山形如覆钟，端拱正南，如持笏朝揖。案山影壁山圆巧端正，位于靠山、

清东陵神道

朝山之间，似玉案前横，可凭可依；水口山象山、烟墩山两山对峙，横于陵区之南，形如阙门，扼守隘口。马兰河、西大河二水环绕夹流，顾盼有情；群山环抱的堂局辽阔坦荡，雍容不迫。这天然造就的山川形势，对于镶嵌于其中的陵寝形成了拱卫、环抱、朝揖之势，实为不可多得的风水宝地。

大清王朝为什么把寿宫选在这个远离京城的地方呢？据说，这跟顺治皇帝有关。当年喜爱行围打猎的顺治皇帝来到这里，即被这一片灵山秀水所震撼，当即传旨"此山王气葱郁可为朕寿宫"。从此，在生死轮回，死后灵魂不灭的观念指导下，中国最后一个封建王朝统治家族为了能在另一个极乐世界生活得更好，他们利用手中至高无上的权力开始大肆营建超级豪华的陵寝。这种大规模营建寿宫的风气在乾隆和慈禧执掌政局的期间表现尤盛。如乾隆皇帝的裕陵，修建于清朝国势鼎盛时，耗银 200 多万两，里面陪葬的奇珍异宝不计其数；统治近代中国长达半个世纪的慈禧的定东陵，工程前后耗银 227 万两，持续 14 年，里面随葬的国宝更是价值连城。也正因为如此，清王陵就成为所有贪婪者觊觎的目标。

陵墓的奢侈引起了贪婪者对陵中宝藏的窥视，整个清东陵，除了顺治帝的陵墓没有被盗掘之外，其余的几乎无一幸免。有人说，清东陵被盗和乾隆、慈禧入葬时陪葬的财宝过多有关，以致招来盗墓贼。这种说法还是有一定道理的，我们不妨从乾隆和慈禧说起，看看这两位权倾一时的掌朝者究竟是怎样利用权力为自己营造身后另一个世界的。

崽卖爷田心不痛

乾隆是清朝定都北京后的第四位皇帝，乾隆，寓意"天道昌隆"。乾隆在位期间，采取了一系列有利于文化建设的政策并指示编了很多有价值的书。他开博学宏词科，招纳天下人才。乾隆汉文水平很高，能诗善画，精于骑射，武功赫赫，在固守边疆地区方面作出了巨大成绩，巩固了多民族的清王朝。乾隆帝一生崇拜其皇祖父康熙，建树颇多，但是他自身的问

乾隆画像

题也很多，乾隆是中国近代国力落后于西方资本主义列强的直接原因所在。

乾隆在位期间，乾纲独断，严重压抑了民众甚至官僚阶层的主动性和创造性，强化同时也僵化了专制体制，给其后的大清发展制造了巨大障碍。乾隆蛮不讲理地利用专制权力，对社会进行了前所未有的严密控制，使所有人都不敢乱说乱动，消灭了任何不稳定的萌芽。乾隆完成了中国历史上最缜密、最完善、最牢固的封建专制统治，把皇权推到了顶点。此外，乾隆又是中国历史上最可怕的文字狱的制造者之一。

最可悲的是，乾隆故步自封，错过了中国了解西方世界的最佳机会。乾隆时期，一方面达到了清朝入关后的势力顶峰；另一方面，也是清朝被世界发展大潮甩下的时期。欧洲这时建造出新式战舰，在各个方面迅猛变革、发展之时，也正是乾隆皇帝在自我陶醉之际，被西方资本主义强国迅速超越之时。

乾隆五十八年（1793年）英国遣使乔治·马戛尔尼于乾隆83岁时到中国寻求通商、建交，但双方出现与乾隆皇帝会面采"单膝下跪（英方主张）"或"三跪九叩（中方主张）"的礼仪之争，最后以"单膝下跪"而为礼。英使团提交的礼品清单有天体仪、地球仪、座钟、气象仪、毛瑟枪、连珠枪、铜炮、榴弹炮及军舰模型等。这些礼品，为英国最近百年创造，尤其是作为欧洲第一海军强国，礼品中的枪炮、军舰以及天文地理仪器等，应该说还是很有价值的。

马戛尔尼拜谒乾隆绘画

国宝劫影：盗案之谜

然而，作为"天朝上国"，乾隆帝看到清单似乎有点失望，他在随后的指示中强调，英国人的礼品清单俱不免张大其词，由此可知英国人境界不高，"自为独得之秘，以夸耀其制造至精奇"，其实不过尔尔，"天朝原亦有之"。

　　乔治·马戛尔尼在中国停留的 5 个月内，对中国的情况做了详细的调查。回国后，马戛尔尼向英国议会写出报告说："中国是一艘破旧的大船，150 年来，它之所以没有倾覆，是因为幸运地遇见了极为谨慎的船长。一旦赶上昏庸的船长，这艘大船随时都可能沉没。中国根本就没有现代的军事工业，中国的军事实力比英国差三到四个世纪。"

　　除了骄傲自大，乾隆一生浪费奢侈。六下江南花费巨大。康熙曾经多次下江南，目的之一是探访民情，古代信息不发达，皇帝要想了解民情，就得多到民间走走。其二是为了加强与江南地主士绅的联系。江南是明王朝起家之地，当地居民对明王朝最拥护，清军入关后反抗最激烈。而江南经济发达，清朝财富有大半来源于此，所以康熙利用下江南加强与江南地主士绅的联系，以巩固统治。其三是为了河工，康熙时期主要是治理长江，还视察浙江海塘等水利工程。

　　然而，和康熙相比，乾隆下江南的目的就是游乐。康熙帝六次南巡轻

乾隆下江南绘图

车简从"所有巡狩行宫，不施彩绘，每处所费，不过一二万金。较之河工岁费三百余万，尚不及百分之一。"而乾隆帝则是前呼后拥，大批后妃、王公亲贵、文武官员相随。沿途修行宫，搭彩棚，舳舻相接，旌旗蔽空。为搬运帐篷、衣物、器具，动用马六千匹，骡马车四百辆，骆驼八百只，征调夫役近万人。不仅沿途地方官要进献山珍海味，还要从全国各地运来许多食品，连饮水都是从北京、济南、镇江等地远道运去的著名泉水。

原本经过康熙和雍正的努力，大清国富民强，国库充盈，但在乾隆的挥霍下国库却变得囊中羞涩。六下江南还对百姓造成了非常重大的灾难，也难怪就连他儿子颙琰（嘉庆皇帝）都说"天泪落时人泪落，歌声高处哭声高"。自诩为"十全老人"、功盖古今的乾隆变本加厉，埋下了让清朝从"康乾盛世"极快地转向了"道咸衰世"之后一蹶不振走向灭亡的种子。

全国百姓都惊呆了

乾隆不仅贪图享乐，而且还紧紧把握皇权，至死不休。

乾隆六十年九月初三日（1795年10月15日），圆明园勤政殿中一场盛大的典礼正在进行。为了不超越自己的祖父康熙帝的在位时间（61年），已御极天下60年的乾隆决定禅位于自己的儿子。乾隆当众开启了密封22年的鐍（jué）匣，宣布皇十五子永琰为皇太子，改名颙琰，命他即日移居紫禁城内毓庆宫，以第二年为嘉庆元年。正月初一举行传位大典，自己退位称太上皇帝，仍自称"朕"，太上皇谕旨称为"敕旨"。为了继续掌控权力，乾隆保留了处理"寻常事件"的权力，如果有重要军国大事以及官员任免，必须由太上皇亲自指导处理，新授府道以上官员，都要到太上皇前谢恩。太上皇每天还要对皇帝"训谕"，对此，准皇帝颙琰只能全盘接受。

嘉庆元年的正月初一日（1796年2月9日），一场千年罕见的传位大典在紫禁城举行。八十六岁的乾隆皇帝不靠搀扶，迈着稳健的步伐登上太和殿宝座的台阶，就皇帝宝座。宝座前地上放着拜垫，宝座东侧案上陈放着传位诏书和皇帝玉玺，皇太子颙琰立在西侧，侍卫近臣分立太和殿内外，大殿前广场文武百官按文东武西原则，分班肃立。朝鲜、安南、暹罗、缅甸等属国也派使臣前来朝贺，场面庄严、壮观。授玺后，礼部鸿胪寺官员诣天安门城楼，恭宣嘉庆帝钦奉太上皇帝传位诏书，金凤颁诏，宣示天下。

嘉庆皇帝

嘉庆虽然继位了，但是乾隆忽然不想把玉玺传给嘉庆，而是想草草结束传位大典。几个重臣围着乾隆苦口婆心地规劝，这没有传国玉玺的皇帝怎么能算真正的皇帝呢？传出去还不被天下人耻笑。最后，乾隆无奈交出了传国玉玺。

乾隆在禅位之后仍居住在养心殿掌控朝政。嘉庆元年（1796年）正月十九日，太上皇在圆明园召见属国使臣，告诉他们："朕虽然归政于皇帝，大事还是我办。"

此时的乾隆帝已经进入垂暮之年，他上朝时命令和珅站在他和嘉庆的旁边，因为只有和珅才能听明白乾隆在说什么。所以每天上朝满朝文武三跪九叩后，和珅就等同摄政，满朝文武上奏什么，他就"听取"乾隆说

和珅画像

话，自己下判断，把持朝政，因此人称和珅为"二皇帝"。而坐在一旁的嘉庆没有实权，真正握有实权的是和珅和乾隆，就连嘉庆也得小心行事。不知道嘉庆是什么心情，他始终表现得很低调，接受乾隆指导他治理国家的一切命令，他对和珅也表现出极大的"尊敬"。

和珅的敛财技巧炉火纯青，他后半生一直为乾隆的无限制挥霍提供财源，在乾隆晚年几次下江南中，和珅的捞钱本领给乾隆带来了想不到的好处。和珅此人之所以深得乾隆皇帝的宠信，最重要的一条是揣测上意，能够时刻替皇帝赴汤蹈火，把皇帝的事情当成自己的事情

办，皇帝烦心的事情，和珅来办。久而久之，乾隆当然就把和珅当成自己的一部分了，当然会重用了。

嘉庆四年正月初三日辰时（1799 年 2 月 7 日晨 7—9 点），太上皇乾隆在养心殿病逝，终年八十九岁。谥"法天隆运至诚先觉体元立极敷文奋武孝慈神圣纯皇帝"，庙号"高宗"，葬于河北遵化清东陵马兰峪之裕陵。

乾隆死后，嘉庆迅速查办和珅，从和珅家收缴上来的财富价值 7 亿，这让天下百姓都目瞪口呆。因此有"和珅跌倒，嘉庆吃饱"一说。尽管乾隆一直压制嘉庆，嘉庆还是厚葬了他的父皇。乾隆通过各种渠道和方法巧取豪夺来的价值连城的奇珍异宝，都被葬入他的陵寝——裕陵，在地下陪伴他不可一世的灵魂。

乾隆墓被盗之谜

乾隆皇帝的裕陵是清东陵中建筑最华美、最精致的。裕陵历时九年，是在清朝国力鼎盛时期修建的，其质量实属上乘。裕陵地宫内共安葬了乾隆皇帝，孝贤、孝仪两位皇后，慧贤、哲悯、淑嘉三位皇贵妃，计六人。

裕陵明堂开阔，建筑崇宏，工精料美，气势非凡，自南向北依次为圣德神功碑亭、五孔桥、石像生、牌楼门、一孔桥、下马牌、井亭、神厨库、东西朝房、三路三孔桥及东西平桥、东西班房、隆恩殿、三路一孔桥、琉璃花门、二柱门、祭台五供、方城、明楼、宝城、宝顶和地宫，其规制既承袭了前朝，又有展拓和创新，具体表现在：石像生设置了八对，比其祖父康熙帝的景陵多了麒麟、骆驼、狻猊各一对，虽数量少于孝陵，但种类却与孝陵一样。此外，裕陵大殿东暖阁辟为佛楼，供奉各式佛像及大量珍宝。以后帝陵纷纷效仿，成为定制，乾隆可以说是开创了供佛的先河。引人注目的是，陵寝门前的玉带河上建有三座规制相同的一孔拱桥，龙凤柱头栏杆，桥两端以靠山龙戗住望柱。这三座拱桥造型优美，雕工精细，在清陵中仅此一例。

裕陵其最具代表特色的是扑朔迷离的地宫，不仅精美绝伦，而且充满神秘色彩。地宫内布满了精美的佛教题材的雕刻：三世佛、五方佛、八大菩萨、四大天王、二十四佛、五欲供、狮子、八宝、法器、佛花以及三万多字的藏文、梵文经咒，雕法娴熟精湛，线条流畅细腻，造型生动传神，布局严谨有序，堪称"庄严肃穆的地下佛堂"和"石雕艺术宝库"。既是增添地宫的美感，也是为了让这些神佛保佑自己"平平安安"或者"转世重生"。裕陵的这些特征既是乾隆皇帝好大喜功、笃信佛教个人意志的体现，也是处于鼎盛时期的清王朝综合国力的反映。

不可否认，乾隆帝确为一代雄主，也是一个很有福气，也很会享福的帝王。他晚年时曾深深陶醉于同历代帝王的比较，认为不但"得国之正，扩土之广，臣服之普，民庶之安"，罕有人能相比，甚至连在位时间、年寿、子孙数目等方面自己都是数一数二。封建制度在乾隆掌权下达到了历史巅峰。他在位时期，平定新疆等，还使四川、贵州等地继续改土归流，

清裕陵外景

裕陵琉璃花门

乾隆裕陵供桌

裕陵隆恩殿

人口不断增加，突破了三亿大关，约占当时世界人口的三分之一，开创了中国封建社会最后一个盛世——"康乾盛世"，强大的中国屹立于世界的东方。他60年的稳定统治，维持了中国封建王朝最后一个盛世，他的时代，是中国封建政治、经济、文化诸方面经过漫长沉淀之后集大成的时代，他个人也成为这一切的总代表。

正因为如此，乾隆生前为自己的陵寝摆放了无数的奇珍异宝也算实至名归。纵观中国历史，大清的乾隆皇帝应该是最大的古董玩家及收藏家了，其在位六十年，且当了四年太上皇，在这期间广收名画古帖、珍异古玩、各种玉玺等，甚至死了之后也将这些奇珍异宝当作陪葬。乾隆死后，根据他的旨意，嘉庆皇帝又增葬了大量的宝物，奢侈至极，当裕陵地宫闭合的那一刻，死去的乾陵绝对想不到，他会被盗墓贼挖穴辱尸。

乾隆希望自己在另一个世界里继续掌握权力和财富，因此重视自己的陵墓建设。可是谁也想不到，传说乾隆为了自己的陵墓还做出了一件盗墓行为。盗墓与一朝之君联系到一块，或许不少人都觉得意外，但为了一己之利、出于坏人风水的考虑，皇帝也不能免俗，做起偷盗勾当，历史上这样的皇帝并不缺少。

"乾隆盗墓"对象是明"十三陵"，其公开理由却不是盗，而是颇讨喜欢的说法：修葺明皇陵。与他人的野蛮盗掘相比，乾隆的行为显得很文明。"乾隆盗墓"堪称一奇，传说仅是为了盗取陵中楠木大柱。

民间广为流传的"乾隆盗木"的故事，就是这次修陵过程中发生的。说是乾隆因为看上了朱棣长陵祾恩殿的金丝楠木大柱，这才降旨修明陵的，企图将长陵大殿拆毁。经刘墉（刘罗锅）、纪晓岚等人的劝阻，乾隆皇帝才放弃了拆长陵的念头。但他不死心，仍命人拆毁了永陵的大殿，换下该殿的楠木，用于建设自己的裕陵。经过乾隆这次的"修葺"，永陵祾恩殿确实缩小了，现代考古已证实了这一点。《大明会典》记载，祾恩殿重檐7间，左右配殿各9间，恩门面阔5间。乾隆重建后祾恩殿变为5间，恩门减为3间，柱网分布也与旧制不同。

清朝传说多有"盗木"的习惯，用于修筑宫殿、陵寝，有人称康熙、雍正都干过拆毁明代建筑建陵的事情。但打起前朝皇陵主意的，则只有乾隆一个。遗憾的是，乾隆的裕陵后来遭到孙殿英的盗掘，不知是不是一种报应？

影子女皇

和乾隆不同的是，慈禧是个嫁进来的女人，却在进宫后的岁月里，靠着顽强的意志和高超的手腕，逐步把爱新觉罗家族的皇权掌握在自己手中，成为垂帘听政的"影子女皇"。

慈禧是帝制时代中国史上，少数长期当政的女性，政治手腕堪称干练，尤其擅长操弄亲贵朝臣之间的权力平衡，以维系自身的绝对权威，清朝因为她的能力而续命数十年。

1861 年 11 月 2 日，慈禧在以奕䜣为首的贵族、官僚和帝国主义的支持下发动北京政变（又称辛酉政变），从载垣、端华、肃顺等 8 位赞襄政务王大臣手中夺取政权，以"垂帘听政"的名义登上了统治者的宝座。但是，巩固政权比夺取政权要困难得多。为了维持统治，慈禧做出了一系列重大的决策。

慈禧太后　　　　　　　　咸丰皇帝画像

慈禧的一生，经历了从 1840 年至 1900 年帝国主义侵略中国的 5 次战争。第一次鸦片战争，她还是一个 5 岁的孩子。第二次鸦片战争，她已是咸丰皇帝的懿贵妃。以后的中法战争、中日甲午战争、八国联军入侵，她则是清王朝的最高决策者，从慈禧的主战与求和决策，可以看出慈禧与帝国主义关系的变化。

1860 年 9 月 21 日，清军在八里桥之战中遭到失败，英法联军进逼北京，咸丰决定逃往热河避暑山庄。当咸丰即将出发的时候，懿贵妃（慈禧）极力谏阻，请求咸丰留在北京，继续抵抗。为此，她触怒了咸丰，差一点引来杀身之祸。此后，奕䜣与英法联军签订《北京条约》，懿贵妃深以为耻，劝咸丰废约再战。因为咸丰病危，只好作罢。

此后的中法战争、中日战争，慈禧都是先极力主张抗战，在战事不顺时又随之妥协。到了 1900 年，八国联军侵华战争时，慈禧发布上谕，要"量中华之物力，结与国之欢心"。为了尽快达成和议，全部接受列强提出的条件。这种先扬后抑的处事风格，也许是女人天性使然吧。在希望渺茫时，又全盘听从命运的安排，不做抵抗。

1901 年，《辛丑条约》签订以后，慈禧太后决定进行改革，希望因此能够避免清王朝走向灭亡。在袁世凯的襄赞下，清末新政的改革深度、广度和实际效果都大大超过了戊戌变法。清朝进行了官制改革、教育改革、

《辛丑条约》签订时的照片

税制改革和经济体制改革，废除了实行了一千多年的科举制度，建立了新军和新式警察，在直隶等地试行了现代司法和刑狱管理制度，为此后中华民国的建立奠定了政治、经济、文化、军事和人才基础。慈禧太后甚至宣布筹划预备立宪，一度让国民燃起了走向君主立宪制度的希望，然而随着慈禧太后的病逝，清末改革由于缺乏精明有力的领导者而最终走向失败，清王朝也在随后被辛亥革命所推翻。

有学者认为慈禧执政48年中，对于政务掌握相当严格，即使在病中亦然。在她统治中国近半个世纪的时间里，一直勉力维系并且牢牢掌控着中央集权王朝的局面，中国在她死后数年间便陷入战乱与割据乱局，这代表她的能力在当时的朝廷中几乎不可取代。

从广泛角度研究，慈禧当政的结果确实多方面得到的是负面评价。主要是中法战争后，在许多中国人眼中获得了胜利却仍要签订放弃越南的《中法新约》以及甲午战争失败后令中国丧失重大利权的1895年《马关条约》、1901年《辛丑条约》等的缔结。慈禧皇太后的执政及决策，于中国数次战败均有不可推卸的责任。慈禧虽然在当时专制政治体制上非常干练，但其最高目的仍然是维系本身对中国的统治，说到底也是一个误国殃民的"奇才"罢了。

甲午海战前，致远舰部分官兵合影

诡异奢华的葬礼

大权在握时间久了，不可避免出现傲气，慈禧自认为对清朝或者中国贡献甚多，所以在日常生活上日渐奢靡。慈禧在世时，贪图享乐，并不惜挪用军费来弥补开销开支不足。这一点许多资料都可以证明。

1894年，慈禧六十寿辰，拟"在颐和园受贺，仿康熙、乾隆年间成例，自大内至园，路所经，设彩棚经坛，举行庆典"。为此，清宫挪用海军经费，缮修颐和园，布置点景，广收贡献。是年，适逢日本发动中日甲午战争。光绪主战，慈禧亦主战，"不准有示弱语"。但是，当有人提出停止颐和园工程，停办景点，移作军费的时候，慈禧却大发雷霆，说出了"今日令吾不欢者，吾亦将令彼终生不欢"之语。

生活中如此，在建陵时，慈禧更是花费甚巨。在中国封建社会的等级观念中，依慈禧的身份、地位，理应稍逊皇后慈安一筹，在陵寝规制上也会有所体现，这样才能体现等级差别。然而，鉴于慈禧的特殊身份，本来设计的陵墓无论在规制与质量上都与慈安难分伯仲，她本应心满意足。但是，慈禧并不满足，无限膨胀的自大心理与无法遏制的贪欲，使她不能甘心于与慈安比肩。既然在葬位的选择上必须屈于慈安之后，就要在陵寝的建筑与装饰上超过慈安，以显示她的与众不同。

光绪二十一年八月，东陵守护大臣为讨好慈禧，上奏朝廷说慈禧陵因连年雨水，多有糟朽，急需修整。慈禧命亲信庆亲王和兵部尚书荣禄为承办大臣。结果，陵内建筑无一不修，大殿和东西配殿都从原来的揭瓦维修改为拆后重建！此次大修工程浩大，到光绪二十五年已拨款150万两，以后的款项更是个无底之谜。中间，八国联军侵华使工程停顿，慈禧回京后，再次来到工地亲自检查。1908年11月12日，工程在历时13年重修后终于完工（巧的是4天后慈禧去世）。陵寝仅三殿所用的金叶子就达4592两！陵内的丹陛石，为高浮雕加透技法雕成，图案为"龙在下，凤在上"。隆恩殿周围的69块汉白玉板处处雕成"凤引龙追"，74根望柱头打破历史上一龙一凤的格式，均为"一凤压两龙"，暗示她的两度垂帘听政。慈禧陵建筑材料的贵重、工艺的精湛、装饰的奢华等方面均居于清朝皇后陵寝的首位。即使是与清朝皇陵相比，某些皇陵也要比她逊色很多。

慈禧死后，清王室为她筹办了盛大的、超越太后、堪比皇帝规格的葬礼，伴随着慈禧陵墓的封闭，一个风光威风了数十年的女人寿终正寝了。

1908年11月16日，慈禧太后盖着金黄色枢布的灵柩被缓缓地移出

慈禧出殡照片

紫禁城，一名名叫亨利·博雷尔的荷兰人目击了慈禧太后葬礼的整个过程……

据亨利·博雷尔说，当时清朝外务部的官员们在东直门内附近，清廷修建了一个有顶棚的亭子，是为各国外交官、商业权贵以及报界记者们所搭建的，为的是可以让他们很方便地观看到慈禧太后的送葬队伍。另外，送葬行列中的在京外国人代表，一般走到东直门附近也就不再往前走了，可以在此小憩一会儿。但这些看台是不可以随便进去的，必须得有清朝外务部发放的入场券，才会被容许进去观看。

慈禧太后的灵柩将从北京的紫禁城被抬送至距城有 125 公里远的清东陵。行进在送葬队伍最前端的，是一队身着新式军装、手拿长矛的骑兵，他们一个个装束齐整，举止得体。紧随其后的是一列排着纵队、手牵马匹的仆役。

再往后面，是几百名身穿猩红色绸缎衣服、帽上插着黄色羽毛的仆役，他们轮换着抬行慈禧的灵柩。在灵柩后方承担护卫的有两队骑兵，一队骑兵手拿飘扬着红色长条旗的长矛；一队骑兵手持长枪，身穿镶上了红边的灰色军衣。行进在护卫骑兵之后的，是一排排穿着红衣服的仆役，他们举着绿、红、紫、黄等各种颜色的旌旗和低垂的绸缎条幅。此外，还有大量的纸质葬品，代表了慈禧生前所心爱的物件，做工精巧逼真，惟妙惟

慈禧的棺椁抬出皇城

肖。它们包括钟表、梳妆台、烟杆，以及一大群纸糊的假人，后者将在冥间伺候慈禧太后。事隔百年，回过头看当年国葬场面，那些纸将纸兵，纸轿纸马，大小如真，不细看，还真分辨不出，极其诡异。

一本神秘的笔记

自古以来，皇家殉葬品的具体内容，属于宫廷重要机密，官方大多不做具体记录，以免泄露出去，激发他人盗墓的欲望。在清宫档案中，关于慈禧随葬品也只做了简单、粗略的记载。而在民间，却有一本神秘的笔记，记录了慈禧墓中随葬品的具体名称、数量。民间传说的笔记叫《爱月轩笔记》。对于笔记作者，民间和史学界所怀疑的首要对象就是大太监李莲英。李莲英是慈禧最宠信的太监。慈禧死后，李莲英亲力亲为、尽忠尽责地料理后事，并按照慈禧生前吩咐，将事先准备好的大量陪葬品，小心翼翼地逐一、有序地放入慈禧棺椁。一切安排妥当之后，李莲英仿佛也完成了自己最后的使

李莲英

命，告老还乡，隐姓埋名，就此结束自己长达 52 年的宫廷生涯。

据说李莲英回到自己家里后，整天闭门不出，谢绝一切来客，每日以吸食鸦片消磨时光，两年后病故。临死之前，李莲英突然叫来自己的侄子，由自己口述，侄子执笔，一口气写下了这本《爱月轩笔记》。如今，我们很难看到《爱月轩笔记》的真实面目，它的唯一的流传，是在早期的一本《佛学大辞典》中关于《爱月轩笔记》的内容摘录，也让我们了解到慈禧陵墓里各种珍宝的明细。

慈禧的随葬品分为两部分：生前置放于墓中金井里的珍宝与下葬时的随葬珍品。慈禧太后生前酷爱珍珠、玛瑙、宝石、玉器、金银器皿。据清宫档案《大行太皇太后升遐纪事档》记载，慈禧生前先后向金井中放了六批珍宝，各种奇瑰珍宝、金玉祭品 1000 多件。慈禧死后，又将穷其一生巧取豪夺的奇珍异宝聚集棺中。那么，慈禧下葬时随葬的珍宝究竟有多少？据《爱月轩笔记》记载：慈禧尸体入棺前，先在棺底铺三层金丝串珠锦褥和一层珍珠，共厚一尺，上面银大小珍珠 12604 粒，红光宝石 85 块，白玉 203 块，锦褥之上再铺一层绣满荷花的丝褥，上面铺 5 分重的珍珠 2400 粒。慈禧尸置荷叶、莲花之间，头部上首为翠荷叶，满绿碧透，精致无比，叶面上的筋络不是雕琢之工，均为天然长成；脚下置粉红碧玺莲花。

盖在慈禧尸体上的是一条织金的陀罗尼经被。被长 280 厘米，宽 274 厘米，明黄缎底，捻金织成。全被不但花纹繁多，而且还织有陀罗尼经文 25000 字。经被上缀有 820 粒珍珠。在经被之上又盖一层缀有 6000 粒珍珠的网球被，也是传世奇宝。

慈禧头戴凤冠，冠由珍珠宝石镶嵌而成，冠上有一颗重 4 两、大如鸡蛋的珍珠，当时价值白银 1000 万至 2000 万两，其凤冠价值可想而知。口内含夜明珠一粒，此珠分开是两块，透明无光；合拢时是一个圆球，可透出一道绿光，传闻夜间百步之内可照见头发。

慈禧脖颈上有朝珠三挂，两挂是珍珠的，一挂是红宝石的。她身穿金丝礼服，外罩绣花串珠褂。足蹬朝靴。手执玉莲花一枝，头前方有蚌佛 18 尊，头顶一翡翠荷叶，叶满绿筋，如天然一般，重 22 两 5 钱 4 分，当

慈禧墓出土的织金陀罗尼经被面

翡翠白菜

时价值 285 万两白银。头两侧有金、翠玉佛 10 尊,手边各置玉雕马 8 匹、玉罗汉 18 尊。在其尸体旁或足下共有金佛、玉佛、红宝石佛、翠佛 108 尊,每尊佛重 6 两;翡翠西瓜四枚,白皮黄籽粉瓤者两个,绿皮白籽黄瓤者两个,估价 600 万两白银;翠桃 10 个,绿色桃身,粉红色桃尖,难分真伪。翡翠白菜两棵,绿叶白心,在白色菜心上落有一只满绿的蝈蝈,绿色的菜叶旁有两只靛色的马蜂,俏色用得恰到好处,独具匠心,稀世珍宝,估值 1000 万两白银。

慈禧尸身左旁,放着一枝玉石制成的莲花,三节白玉石藕上,有天然的灰色泥污,节处生出绿荷叶,开出粉红色莲花,还有一个黑玉石荸荠。尸身右侧,放着一枝玉雕红珊瑚树,上绕青根绿叶红果的蟠桃一枝,树顶处停落一只翠鸟。还有宝石制成的桃、李、杏、枣二百多枚。身左放玉石莲花,身右放玉雕珊瑚树。另外,玉石骏马八尊,玉石十八罗汉,共计七百多件。

当宝物殓葬完毕,发现棺内尚有孔隙,又倒进四升珍珠和红、蓝宝石 2200 块,填补棺内空隙;四升珍珠中有八分大珠 500 粒、二分珠 1000 粒、三分珠 2200 粒;宝石与珍珠约值白银 223 万两。而按《内务府簿册》载,殓入棺中的珠宝玉器无论在数量和种类上都极为惊人,几乎是一个"珠宝玉器博览会"。这些珍品,均系天然材料雕成,单是选料就极为难得,更不用说构思之匠心独运,雕琢之巧夺天工了。

这一棺奇珍异宝的价值,据当时人估计,不算皇亲国戚、王公大臣私人的奉献,仅皇家随葬品入账者,即值 5000 万两白银,也有一说价值过

国宝劫影：盗案之谜

亿！至于这些珍宝的艺术价值，那就更是无法估量，可谓价值连城。慈禧太后这具棺椁，其珍宝之多、贵重之巨，堪称世界之最了。

说起慈禧陵墓中的宝物，最出名的要数翡翠西瓜了，它究竟是何等宝物呢？一般人常常以为翡翠是绿色的，其实不然，除了常见的深浅不一的绿色，翡翠还有红、黄、白、黑、灰、蓝和紫之分，各色中又有深浅之别，一块同时并存有多种色彩的翡翠，不仅寓意丰富，也更加珍贵。传说中的翡翠西瓜正是有绿、红、黑三色之分。

这对翡翠西瓜是在昆仑山自然生成的，而且雕琢得非常精美。瓜皮翠生生、绿莹莹的，还带着墨绿的条纹，瓜里的黑瓜子、红瓜瓤还能影影绰绰看得见，可谓是大自然的鬼斧神工。据说，这对翡翠西瓜是进贡的翡翠珍品，当时就值 500 万两银子，可见其珍贵。慈禧死后，这一对翡翠西瓜就放在她的脚边，一起被埋进了东陵。

破碎的皇家尊严

清朝未亡的时候，清东陵是何等森严、神圣之地。按清王朝规定，凡皇帝陵，保护人员设总管一员、翼长二员，骁骑校二员、章京十六员、甲兵八十名左右。这些官兵每月分成八班，每班有章京二员、甲兵十名，昼夜巡逻。到光绪朝中期，驻扎在东陵的八旗兵总兵力达 1100 多名。

除此之外，设在马兰关的绿营是专门保护东陵陵区安全的军队。雍正元年下辖 3 个营，随着陵寝的不断增建，到嘉庆五年，已下辖 8 个营，人数由原来的 600 名扩展到 1000 余名，到光绪九年，人数猛增至 3157 名。

除了紫禁城，皇家陵区可称得上是第一禁区，许多保护皇陵的法令、规定，都明文载入《大清律》。如法令中有"车马过陵者及守陵官民入陵者，百步外下马，违者以大不敬论，杖一百""如延烧殿宇墙垣，为首拟绞监候，为从杖一百，流三千里""树株关系山陵荫护，盗砍与取土、取石、开窑、放火者，俱于山陵有伤，亦大不敬也。不论监守常人，为首者斩，为从者充军"。敢对皇陵"大不敬"或者胆敢破坏，惩

清八旗兵

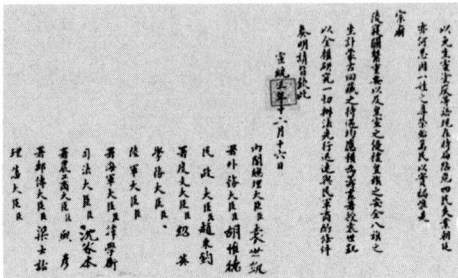

《清帝逊位诏书》原件

处极其残酷。

在这样严密的护卫下，直到溥仪退位、清朝灭亡之时，整个东陵区尽管也有小范围的失火、砍伐、偷盗等现象，但要想钻到墓里去劈开棺材偷宝贝，简直是痴人说梦。

清帝退位之后，根据优待条件中的有关条款，清东陵的护陵人员、机构仍然承袭清制。属于"皇族私产"的清东陵，按照"一体保护"的规定，设有护陵大臣，驻守着八旗陵户，宗人府、礼工部等机构分别继续承担陵区的各项事务。

清政府对正宗八旗子弟兵实行颇为优厚的"食钱粮"供奉制，一名八旗士兵的薪俸足可养活一个七八口之家，但这种好日子在咸丰帝之后，逐渐"缩水"，好景不再。

清朝统治垮台后，昔日的神圣禁地再难维持那份尊严。按退位优待条件，民国政府每年拨发白银400万两供清室支配，但由于民国政府的拖欠，以及溥仪小朝廷的挥霍，用于东陵各机构人员的俸银俸米首先被迫减半支付。这些护陵兵的日常生活开始捉襟见肘，寻常的肉食饭菜越来越少，到最后只能吃素菜喝米粥度日。饷银几个月都没有着落，兵丁都有亲人，当兵也是为了贴补家用，这么一来，护陵兵的干劲越来越差。八旗士兵不得不另谋出路，从事小商贩买卖等，八旗子弟兵"高薪养忠"的岁月一去不返。

勉强维持到1914年，守陵人员以薪饷无着、急需解决生活困难为由，推举护陵大臣报请溥仪准予开垦陵区土地，用以维持生计。囊中羞涩的溥仪只好同意此举，于是护陵兵开始开荒种地，自给自足；此后，附近村民对东陵土地和林木的破坏逐渐升级。1921年，直隶当局直接插手盗伐陵区树木，建立了东荒垦殖局，东陵界内的土地及树木开始受到大规模的毁坏。这也是皇权没落后的无奈，只能听天由命了。在短短十余年中，东陵环境遭到了空前摧残，原前圈、后龙的"仪树"和"海树"被盗伐一空。当年群松苍翠的万顷青山，到1928年已变成濯濯荒山了。

身为护陵大臣的毓彭，见时局如此混乱，也不再尽心守护，开始串通监护人员将各陵隆恩殿前月台上陈设的大型鼎炉、铜鹤、铜鹿等拆运偷售，中饱私囊。当地居民见护陵大臣都监守自盗，认为陵寝宫物可自由取夺，于是纷纷涌进陵区，群起拆毁殿庭，肆意盗卖。

更为严重的是，在把持北洋政府的张作霖奉军溃败、北伐军到来之前，东陵有一段时间处于无人过问管理的真空状态。东陵的地面建筑被各路军阀和当地土匪盗劫拆毁，先是各殿宇所有铜制装潢，如铜钉、铜字等全部被盗，继而各殿隔扇、槛框、窗棂被拆盗一空。其间有一伙盗贼趁着混乱，竟掘开了惠妃陵寝，进入地宫，抛棺扬尸，盗走了大量珍宝。有了这个开头，清东陵好比一块敞开放置的大肥肉，众多军匪、强盗瞪着血红的眼睛垂涎欲滴，东陵浩劫已只是时间迟早的问题，其中最具实力是马福田和王绍义匪帮。

东陵区的树木被盗伐一空

马福田原为土匪，纠集一帮人靠绑票过日子。1927 年，马福田接受招安，带着其 600 余人的匪帮加入奉军，摇身一变为团长；王绍义早年当过修墓工匠，从 20 岁起加入匪帮，后来成为马福田的亲信参谋。

1928 年 6 月，在北伐军的打击下，马福田见奉军大势已去，直接哗变，脱离奉军，将其人马拉上山重新为匪，在老家马兰峪打家劫舍。他一边干了几起抢夺钱财并火烧十几家商铺的"小生意"，一边派人潜入东陵窥测动静，看有无盗掘的可能。盗掘东陵是他藏在心中多年的梦，他意识到这是一个千载难逢的绝好时机，此刻不干，更待何时？马福田立即率领众匪开进东陵，准备实现他多年的愿望了。

在短短的几日内，东陵地面残存的所有值钱的物件以及黄花山中的几座皇家墓葬，几乎被他率众匪洗劫一空。就在马福田对东陵内帝后的陵寝下手之际，螳螂捕蝉，黄雀在后，号称"孙大麻子"的孙殿英登场了。

孙大麻子来了

孙殿英因小时候出过天花而得外号"孙大麻子"。幼时，他的父亲被人杀害，生活贫苦。母亲对他特别溺爱，使其从小养成了无法无天的习惯。孙殿英长大一点就天天混在赌场，以赌博为生，还练就了任何麻将牌他拿手一摸就知是什么牌的绝活，靠这一手，他发了财，也结识了许多官僚政客。孙殿英的另一手"看家本领"是贩毒、制毒，而且只要能抓钱，什么都干，绑票一绑就是几百人，抢劫专拣大户，伪造钞票，倒卖黄金，心狠手辣，胆大眼活，着实发了横财。

有钱还需有势，为了找个靠山，孙殿英还加入豫西的"庙会道"，装神弄鬼拉拢人，操纵利用，得益匪浅，不但兵源大部分来于此，而且屡仆屡起。他把"有奶便是娘"当成信条，从事鸦片贩运，因肯下血本各方打点，他贩运鸦片、制造毒品远销上海，获利极丰。

1922 年，"秀才将军"吴佩孚在洛阳时，严令缉捕

孙殿英

孙殿英这个大毒贩，他在洛阳不能立足，就逃往陕州。来到陕州后，靠着一股狠劲，孙殿英很快纠集了一批土匪、赌鬼、烟贩等拉起一支队伍，称雄一方。

为谋取更大的势力，孙殿英先后投奔过豫西镇守使丁香玲、国民军长叶荃等人，后又转"山东王"张宗昌，受到同是土匪出身的张宗昌的赏识。1926年春，张宗昌与李景林合向国民军反攻，孙殿英率部袭击了国民军第三军所属徐永昌部，为张宗昌立下了显赫战功，张宗昌即将孙部改编为直鲁联军第35师，后又扩大编制，孙殿英升为军长。

"山东王"张宗昌

当直鲁联军在北伐军打击下节节败退之际，善于见风使舵的孙殿英又投靠时任国民革命军第六军团总指挥的徐源泉，担任第12军军长，变成了国民革命军的军官，率部在河北遵化一带驻防。

1928年初夏，孙殿英率部驻扎蓟县马伸桥，这里与清东陵只有一山之隔。孙殿英的队伍是杂牌军，孙部粮饷被长期克扣，以至官兵半年没有发饷，军心浮动，常有开小差的事情发生，若再不拨粮款，甚至有哗变的危险。没有了兵，就不会受重视，在这一严峻的形势前，孙殿英愁断了肠子。

此后一个月中，孙殿英一直在剿匪。抓获土匪时，他偶尔也会审讯一下，总是会发现其中有一些盗墓贼。盗墓贼交代了一些盗墓罪行，孙殿英听得有滋有味，开始动了歪脑筋。恰好他的军队就驻扎在清东陵附近，他早就听说慈禧墓里有无数的奇珍异宝，如果能拿到手，不仅军费有了保证，军队实力增强，而且自己也有钱了，看谁还敢不把他当回事。即使不缺钱，只要有机会，孙殿英这种人也不会放过东陵宝藏，何况是正缺钱的时候。

要盗墓，不仅需要周密详尽的计划，而且是需要文化基础的。孙殿英自己虽然没什么文化，但他很懂得人才的重要性，一直在为自己搜罗各方高手。他首先找到了冯养田来当参谋长，冯养田是原保定军官讲武堂毕业的退伍弁兵，孙殿英请他来帮助整顿军纪。孙殿英还高薪聘请了一位名叫梁朗先的饱学之士，作为自己的军师。这梁朗先原为一没落举人，前清翰林院庶吉士，由于受到同僚的排挤而回乡隐居。他足智多谋，是孙殿英身边的智多星。后来，职业军人谭温江也成为他的忠实部下。至此，孙殿英手下的文武大将算是齐备了，为盗墓所需的班底也基本配齐了。

徐源泉

不过现在的孙殿英毕竟是有人管的民国军官，而不是绿林游匪，不能说干就干。于是他找到上司军团总指挥徐源泉，向徐源泉屡屡催饷。徐源泉也没有办法，只能说些空话拖延。孙殿英越催越紧，徐源泉不胜其烦。终于，孙殿英摊牌，说粮饷久不发放，士兵已苦不堪言，再不发饷士兵就全跑了。终于，徐源泉对孙殿英说："老兄啊，你自己想想办法嘛，咱们这几个军有几个粮饷是够用的？不都是拆东墙补西墙，东挪西借，向下面多摊派点这么混着饿不死嘛。你有什么办法自己去弄，我这里没钱。"

既然徐源泉让自己想办法，这就好办了。回到驻地，孙殿英立即召集手下师长谋划起来。几个人一谋划，都认为皇家陵寝的防盗系统肯定十分完善，说不定还会有机关、暗器等，盗墓者是很难找到并进入地宫里面的。这还真是个难题，不过孙殿英给众人鼓劲："咱们军的兵马虽然少了点，也是小两万人啊，我就不信，咱们这么多人，还有几千斤炸药，还炸不开那个墓？"众人都心动了，他们开始谋划盗墓的事宜。

这样，前文提到的土匪马福田、王绍义匪帮，就成为孙殿英进入东陵区的绝妙借口。他马上命令手下师长谭温江，以"剿匪"名义向马福田部发起进攻。两方在马兰峪镇展开激战，马福田部被击溃。马、王二人眼巴巴看着即将到嘴的肉吃不到嘴，含恨退走。

随即，孙殿英以搜索土匪、检查防务为借口，名正言顺地将军队开进陵区。接着，他四处张贴十几张告示，宣布要在陵区举行军事演习，陵区将全行封闭。就这样，以"军事演习"为名，进入陵区的所有道路都被严密封锁，震惊国内外的炸陵盗宝开始了，一次大规模的洗劫就此展开。

吓死人了

1928年7月2日一早，参谋长冯养田宣布了具体行动方案：谭温江师一个旅负责挖慈禧陵；柴云升师一个旅负责挖乾隆陵；颛孙子瑜工兵营负责协助挖掘三陵。各部务必于三日内完事，违者军法论处。方案敲定后，各部开始了行动。

为找到地宫入口，孙殿英部队乱挖一通，却一点线索也没有。孙殿英急中生智，派人把当地地保找来。地保听说是要为盗皇陵当"参谋"，顿时吓得脸色蜡黄，但又惹不起这个军长，只好说自己也从来不知地宫入口，此事老人也许知道。孙殿英感到有理，他立即派人找来五六个老人。谁知，这些老人也不知道入口，孙殿英以为他们是不肯说出秘密，开始还好言哄劝，然后就用鞭子抽、烙铁烙。老人哪经得起这样的折磨，不到半天工夫就死去两个，有一个叫苏哈扎林的老人实在受不了，道出了离此地十多公里有个姜石匠，曾参加修筑陵墓，兴许还能记得进地宫的位置。

为了不让外人知道地宫入口，古时修筑皇陵最后一道工程的匠工，往往都会在竣工之时被埋在地下，以求秘密永不外泄，这也是封建皇权极端凶残的表现。慈禧入葬时，在工匠中挑出81个人留下最后封闭墓道，并告诉石匠们可以从另一事先挖好的隧洞出去。工匠们立即知道死期将至，既然被选中干最后一道工序，就别想活着出去。几天前，姜石匠乡里人给他带信，说他老婆给他生了个儿子，现在要他连儿子也没看一眼就死去，无论如何也不甘心。他在搬动石头时走神，脚下一滑，一块大石头砸在身上，当场就昏死过去。当时正忙碌中的监工看见他满头是血，失去知觉，以为他死了，怕玷污了金券（即寝宫），赶紧叫人拖出去扔到荒山坡。姜石匠醒来时发现自己不在陵墓工地，又惊又喜连滚带爬跑回家，这样捡了一条命，并保存了地宫入口的秘密。

匪兵很快出发，把姜石匠抓到陵墓现场。在孙殿英的威逼利诱下，姜石匠只好妥协。随后，这位曾参与修建地宫的老匠人被套上一身军服，伪装成士兵协助寻找地宫。《民国东陵案资料》记载："该军工兵，有白发长须者，疑系昔年修陵之工人。"

按照姜石匠的指点，慈禧陵的地宫入口在古洞门最北边，金刚墙和地面相交线的中点。工兵们在费尽周折后，终于找到了慈禧陵寝的金刚墙，然而迎面的这道高大石墙阻挡了盗墓者的脚步。慈禧地宫为五券二门，乾隆裕陵地宫为九券四门。

清东陵地宫里的每扇石门都重达3吨多，门后有顶门石。这块石头，其实是一根长方形的石柱，起抵门棍的作用，有"一石当关，万夫莫开"的奇效。闭合地宫时，棺椁摆定，人员退出，这自来石是怎么将门顶住的？原来秘密在石门和门轴的设计，两门的对接边缘扣槽，门轴上下端打磨成球状，又在两扇石门中间齐门缝的相同部位，打凿时多留出一个凸起的槽口。关闭石门前，工匠将自来石放在地面的石质凹槽内，通过一把特殊的工具——"7"字状、俗称拐钉的物件套住自来石。

当人从地宫中全部撤出后，先关起一扇门，工匠拉动拐钉，让其慢慢前倾，使之与石门上预留槽口对接。石条倾斜后，借助巨大的重量，会压迫有门轴的石门转动。这时候工匠迅速拿开拐钉，石门自动关闭，直至完全合缝，两端均插在石槽内的自来石将石门死死顶住，不知窍门的人根本无法打开。如果要打开这扇石门也得通过那把特殊的工具——拐钉。这个特殊工具与钥匙的功能差不多，这种"开门"办法，在古代即为入户偷盗的贼人掌握，从门外可将闩起来的门轻松打开，也是圈内的常识。后来考古工作者打开明定陵地宫的石门就是这样做的，考古人员实际上借用了这种技术。

盗陵匪兵最初并不知道石门背后的奥秘，十几人用粗木杠用力撞击石门无效，又使用炸药，所以至今在慈禧陵第一道两扇石门上，仍遗留着当年被炸毁坏的痕迹。

国宝劫影：盗案之谜

慈禧陵墓地宫入口

地宫自来石示意图

打开慈禧陵第一道门的时候，地宫口突然喷出一股强烈的气浪，把附近的士兵都喷出去了。漫天飞舞的士兵跌撞得头破血流，把当时盗宝的士兵都吓坏了，以为里面有机关，而实际上这是由于20年的封闭，里外压差造成的。地宫里难以想象的漆黑，掺杂上封建迷信思想，异常的恐惧让很多盗匪在惊乱中出现了踩踏。匪兵们并不敢进去。据说一位连长对着地宫三拜九叩，说明为筹集军饷不得不盗墓等原因，并痛哭流涕一番后才进入地宫。

墓室里阴风习习，士兵们出于恐惧，只好摸索着，蛇行前进。从这个洞穴走进去，迎面是一条三十多级汉白玉台阶的墓道，里面的气氛非常凄凉、森然可怖。所以后来人们就用电筒照射。但是前方又是一座石门，当慈禧地宫第一道石门打开后，匪兵们就恍然大悟了，他们再没有用蛮力打开后面的石门。因此，慈禧地宫第二道石门至今保存完好。打开第二道门后，又是一阵惨惨阴风从门里吹了出来。走了不多远就是一个宽敞的所在，一字排列着八口棺木，里面有不少珠宝首饰，锦衣璀璨，至于气势排场不像有慈禧

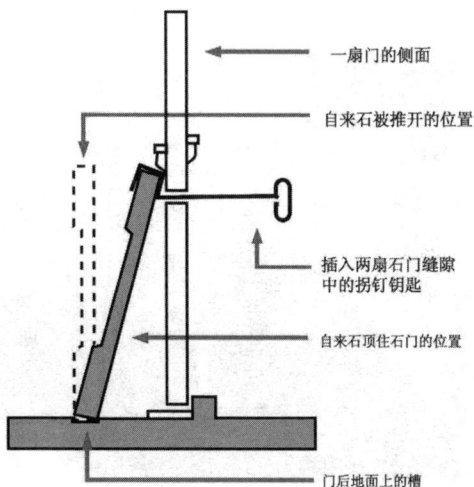

- 一扇门的侧面
- 自来石被推开的位置
- 插入两扇石门缝隙中的拐钉钥匙
- 自来石顶住石门的位置
- 门后地面上的槽

拐钉钥匙开门示意图

太后的遗体在内。于是匪兵在这个地方东打打、西敲敲，终于发现正中的玉石屏风响声与别的地方有点不一样。匪兵非常高兴，因为石屏后面果然有一座暗门，通过暗门是一座寝宫。殿内非常宽敞辉煌，正中停放一具巨型葫芦头（棺木前方有一木制葫芦头）朱红亮漆金棺，比一般棺材要高大两倍有余。大家一看这种殿堂严丽的势派，一致认定是慈禧的棺材。

梓盖一掀，顿觉异香馥郁，在火把和手电筒的照耀下，棺内飞光闪烁，只见一老妇在棺中仰卧，仿佛酣睡一般。身上盖着星编珠聚八仙过海锦衾，整个尸体埋在玉果璇珠琳琅莹之中，霞光流碧，冷焰袭人。慈禧口中含有鸽蛋大小椭圆形夜明珠一颗，金芒四射，宝光辉煌。匪兵有识货的伸手就拿，谁知腮颊实际早已腐朽，稍一着力，立刻滑落嗓子里头，在你抢我夺一阵撕掳之下，慈禧终于脸颊挨了一刀，那颗稀世瑰宝的夜明珠，就这样被取出来了。

这次盗陵所得殉葬珠宝，除了珠翠钻石珍玩、夜明珠和一座白玉雕琢的九级玲珑宝塔，另外就是名闻中外那对黑籽红瓤绿皮的翡翠西瓜，望之鲜美，色可逼真。大家洗劫搜索，为了囊括垫棺材底的珍宝，甚至不惜把慈禧遗体抬出棺外，放在梓盖上面。后来，匪兵觉得地宫里没什么值得拿的了，才陆续退出。

慈禧陵墓内部

"鬼堵门"

在盗挖慈禧墓的同时，孙殿英指派的另一支部队来到了裕陵。乾隆裕陵的地宫上方，堆砌着高大的方城明楼，后方则依山而建。如果不能准确地找到入口，要想进入地宫是十分困难的。那么，孙殿英究竟是怎样找到裕陵入口位置的呢？

在帝王陵中，反盗设计严密，在专供棺椁运行的长长墓道上，由入口到地宫一般至少设有三道，多者七道，重达数吨至十吨的石门把守，此门固若金汤，最外面一层俗称"金刚墙"。而金刚墙的位置也相当隐蔽，没有知情者很难找到。

当时兵匪也是乱挖一气，四处乱挖，这哪能找到金刚墙呢？有的兵冲到宝顶，在那儿挖，但是挖不动，也刨不动。宝顶上是用三合土夯筑而成，非常坚固。没办法，还是要找到金刚墙。可是乾隆死去已经很久了，当年的建陵人早就死去多时了，有价值的信息少之又少。

当时守陵人回忆说，兵匪冲向裕大村，找老守陵人问话。守陵人有他们的秘密，但是这件事谁敢说。可是不说，兵匪就端着刺刀往身上扎。守陵人最终还是吐露了秘密，在古洞门的北边有一个孤寂的院落，叫月牙城，高空看像是月牙，当地百姓叫"哑巴院"。这里面的哑巴就是历代为皇陵干活的工匠，封闭地宫的入口一般是最后的程序，皇家最担心的是这道工序被泄露，所以找哑巴来做。即使如此，还是传说这些哑巴施工结束后被处死或是被流放边疆。哑巴们干的活就是琉璃影壁。墙上是一块漂亮的影壁，用这个把地宫入口挡住了。哑巴院里的人也没有几个，都是一些年迈花眼、昏昏欲睡的老年人，在威逼利诱下，哑巴工匠凭借经验指了几处位置。很快，兵匪们就开挖，半天的时间，他们就排除了不对的位置，找到了金刚墙确切位置，打通金刚墙，就能从最短途径进入地宫。陵墓由于修筑得相当坚固，盗墓兵使用了炸药开路。地面被炸开后，士兵们再向下深挖数丈，呈露出一面汉白玉石墙，它就是金刚墙。从墙中间拆下几块

哑巴院中的琉璃影壁

石头，露出一个黑森森的洞口。

为了防止盗洞塌陷，盗墓兵们还在旁边竖起一根木头支撑。由于害怕传说中的机关暗器，几名士兵被派下去探路。士兵们首先进入的是一段二三十米长的斜坡，那是为运送棺椁进入地宫而留下的甬道。在阴森恐怖、霉臭刺鼻的斜坡甬道，士兵们摸索着前进，精神高度紧张。这期间就出现了士兵死亡的事情，有说是胆小吓死的，有说是争抢财宝自相残杀，还有说士兵中暗器机关死于通道内的。这些当然都是传说。当时地宫内是个什么样子呢？有这么一个情况：乾隆地宫里蓄满积水，由于年代久远，以致积水四五尺深。这么深的积水，而通道很陡滑，不明就里的盗墓士兵有可能是滑倒在有毒的积水中，惊悸窒息而亡。

在长官的威逼下，为发财欲望驱使的匪兵们继续前行，终于，迎面看到了一道高大的汉白玉石门。匪兵们必须打开石门才能进入内室，于是，匪兵们挥舞锤子砸门，可惜没有结果。

后来，他们采取撞击的方式，不是人撞，而是用大的木头撞击石门。裕陵的后宝山上到处都是粗大的松柏树。盗陵兵匪砍伐了后宝山上的大松树，然后，十几个年轻力壮的兵匪，抱住大松树的树干，直直冲向石门撞击，自来石门被撞断了。应该说，这个办法很奏效，石门基本上就是这样被撞开的。

直到另一支盗慈禧墓的部队率先打开慈禧地宫的第一道石门后，这边的匪兵们也被传授了经验，此后，他们再没有用蛮

裕陵地宫入口

国宝劫影：盗案之谜

力就打开了后面的石门。因此，慈禧地宫第二道石门和乾隆地宫的后三道石门至今保存完好。

打开头三道石门后，盗匪们进入到地宫的中部。相对于慈禧地宫，乾隆地宫要复杂许多，它有四道石门，九个券堂，整个结构组成一个"主"字形，进深54米，落空面积达300多平方米，相当于一座地下宫殿。这是一个奇异的世界！石门上雕刻着象征大慈大悲、普度众生、佛法无边的菩萨。面目狰狞的四大天王，他们镇守四方，驱邪避恶，掌管风调雨顺。这些是代表色、香、味、声、触五种人生欲望的五欲供。墙壁上还雕刻着数不清的超度亡魂的佛经咒语。整个乾隆地宫宛如一座庄严肃穆而又美轮美奂的地下佛堂！生前尽享荣华富贵的帝王，死后也幻想着升入西天极乐世界。

乾隆地宫石门

四大天王雕刻

然而，帝王的迷梦却被盗匪打破。发财心切的盗墓者经历过初时的震惊恐怖之后，战战兢兢地继续向第四道石门摸去。可是最后一道门怎么打也打不开，于是匪兵又用粗树干撞门，但是也无济于事。情急之下，匪兵只好将其炸开。

石门炸开后，他们惊讶地发现了一个骇人的奇事，裕陵内葬有乾隆和孝贤纯皇后、哲敏皇贵妃等6人，其他5个棺椁都在石床上，唯独乾隆的棺椁自己"走"了下来，将石门死死顶住，以致士兵无法将门打开。当年乾隆沉重的棺椁安置到地宫石床上后，为确定风水线，校准龙脉最旺的方位，在棺的四角放了四块很沉的龙山石。这四块龙山石牢牢地固定着乾隆沉重的棺椁，为何乾隆的棺椁会独自"走"了

金券损毁的石门

乾隆棺椁

下来。莫非是乾隆显灵了？

当时，迷信的匪兵吓得面无人色，跪地磕头不止。当官的壮着胆子命令士兵进入内室，很快，对财宝的贪婪代替了惊吓，匪兵们开始争抢宝物……

匪兵开始粗暴地开棺扬尸，野蛮地洗劫了裕陵地宫。乾隆墓的宝贝没有确切的记录，但可以确定里面的宝藏相当丰富，毕竟这是清朝最鼎盛时期下葬的皇帝。传说最宝贵的是乾隆颈项上的一串朝珠，有18颗，代表十八罗汉，是无价之宝，其中最大的两颗是朱红的。还有一把九龙宝剑，有九条金龙嵌在剑面上，剑柄上嵌了宝石。很可惜，这几件稀世珍宝从此遁世，再未现身。和慈禧墓中不同的是，乾隆是清代最为风雅的皇帝，他的陵寝内还有多幅珍贵字画。匪兵只识金银珠宝，这些艺术珍品被野蛮地踩踏、毁坏殆尽。

孙殿英还想盗掘顺治的孝陵，因听说顺治帝于生前出家在五台山为僧，该陵里的棺系空棺，便没有下手。接着再准备盗康熙的景陵，不料还未挖到地宫，就流出黄水，越流越汹涌，顷刻间地上已积水一米有余，匪兵们就没敢再继续。

严密封锁着的清东陵内，经过七天七夜的疯狂盗掘，7月11日，孙殿英满载而归。

这次疯狂盗掘到底劫走了多少财宝？因为东陵的殉葬物没有一个完整的清单，盗后对盗取的宝物也没有详细登记，因此没有准确资料。在盗墓之前，孙殿英先致函遵化县知事，说原准备就地筹集军粮，但他体谅地方疾苦、不忍就地筹粮，请遵化县代雇 30 辆骡马车就成，以便他们从其他地方装运军粮。遵化县接函还很高兴，立即按孙殿英要求把骡马车备妥。盗出的财宝，把这 30 辆骡马大车装得满满的，足见孙殿英此次盗墓获利颇丰。

幕后黑手

这样一个惊天大案发生之时，国民党要员正在离东陵仅 125 公里的北平，热烈举行北伐胜利的庆祝活动，所有的媒体注意力都放在了北平，全国人民对清东陵的事一无所知。孙殿英不知道未来将怎样，所以也提心吊胆，盗墓开始后的第三天，他专门派谭温江到北平打探风声。谭温江来到北平，全是关于北伐胜利的新闻，其余的事情一概皆无，一片风平浪静。

谭温江大喜，立即返东陵禀报孙殿英。孙殿英大笑，于是更加放手盗掘。直至 7 月 11 日，盗墓部队将定东陵和裕陵洗劫一空，全身而退。清东陵笼罩在烟雨朦胧中，谁能想到，一场轰动世界的盗墓案已经尘埃落定了。

在盗墓进行中，东陵附近居民听到两次猛烈爆炸的响声。因驻军曾经宣布在陵区举行军事演习在先，而且所有的路口都有士兵把守，所以人们也未多想，主要是想不到堂堂一个国民革命军军长竟会动用军队，干起土匪盗贼才干的刨坟盗墓之事。

8 月初，谭温江携带数箱文物到北平委托珠宝古董商黄百川销赃。黄百川一呼百应，前来看宝买宝的人络绎不绝。行家一瞧就知道出事了，这些珠宝珍玩明显不是藏货，典型的皇家用品。东陵被盗的小道消息开始在市面流传，如此多的珍宝突然在坊间大量出现，顿时惊动了北平警备司令部。司令部看准时机，派兵包围黄百川的古玩店，一下就逮捕了化装成外地商人的谭温江，黄百川也被扣留。

8月4号，一个叫张歧厚的参加盗宝的逃兵在分得一些珠宝后，觉得再不需要当这个兵了，就开小差溜回家乡。他和另2名逃兵在青岛销赃时被警方抓获，查获其携带的宝珠36颗。据张交代，其还在天津卖了10颗，得币1200元，这46颗宝珠是在慈禧地宫捡到的。一个士兵尚且能拥有46颗宝珠，那连、营、团、旅、师、军长所得的宝物就可想而知了。

尽管清东陵被盗掘了，但是北平媒体却鸦雀无声。最早披露这一丑闻的竟然是外社，该社于8月5日以醒目标题将消息刊出，之后全国各大报均于8月6日予以转载。顿时全国哗然，海外震惊。究其原因，北伐刚刚取得胜利，就出现革命军盗挖清东陵的事情，试想北平媒体怎么敢报道这个事？直到纸里包不住火了，北平媒体才跟风报道。

清东陵被盗掘，这不仅是清室的损失，也是对民族历史文化遗产的重大犯罪。盗案披露后，许多民众团体纷纷指斥盗陵者乃民族败类，电请国民政府从速查惩主谋。人们马上意识到，这一大"手笔"的盗墓举动必有官方背景，中华全国商会联合会指出：乾隆、慈禧帝后陵寝工程坚固，断非少数人短时间所能掘破！国宝整理委员会则吁请当局速收缴被盗国宝，严防流出海外，并严惩盗墓者。

越是参与人数多的案件越是好查。首先，被逮的逃兵张歧厚供认，"是由军长带着两旅人去的……由军长下令叫工兵营用地雷将西太后及乾隆帝二陵炸开……"接着，8月10日，以国民政府委员刘人瑞为首的调查人员到达东陵，在裕陵墓道捡到铁尖锄一把，这种尖锄系工程兵所特有，非农民之物；又在村民中了解到，7月4日到11日间到街上购燃料的军人，人人腿脚都沾有地宫灰泥；又有人报告，7月9日、10日两天，见到孙军长夜间乘汽车从马伸桥至马兰峪。东陵盗宝案至此几乎真相大白。12军就是盗墓的罪魁祸首，孙殿英就是盗墓贼，但是，媒体对孙殿英的名字和军队番号始终不予报道。

8月14日，天津警备司令部又在海关查获企图外运的东陵文物，计有35箱，内有大明漆长桌1张、金漆团扇及瓦麒麟、瓦佛仙、瓦猎人、瓦魁星、描龙彩油漆器、陶器等，系由某古董商委托通运公司由北平运到天津，预

调查清东陵被盗的老照片

备出口，运往法国，所报价值2.2万元。与此同时，在遵化截获所谓国民政府内务部接收大员宋汝梅企图携带的铜质佛像24尊，以及乾隆所书用拓印条幅10块。

另外，在东陵案发两个多月后第六军团总指挥徐源泉上交东陵文物中，有金镶镯、红宝石、蓝宝石、碧玺、汉玉环、翡翠、红珊瑚龙头、花珊瑚豆、玛瑙双口鼻烟壶、白玉鼻烟壶等300余件。由此可见孙殿英部所盗宝物之巨。

还有一些珠宝被秘密运到上海交易，出境时结果被黄金荣截获；在山西，孙殿英被他的铁哥们骗了两箱珍宝；此外，一些珍宝被运到孙殿英在天津的三姨太的别墅，向外走私出境。

孙殿英究竟盗走多少财宝，人们不得而知。所有的推测大致源于《爱月轩笔记》上的记载。许多人的回忆包括孙殿英自己的回忆都提到了那些珍宝，与笔记不谋而合。另外，清宫档案没有记载慈禧入殓的情形，而笔记正是记录了这一重要时刻的情况。笔记中提及在慈禧的身上盖有一件缀有820颗珍珠的织金陀罗尼经被，是一件大型织造精品，估价白银36万两，堪称国宝。而在清东陵文物管理处的库房里现在也保存着一件陀罗尼经被，它是文管处在清理慈禧地宫时发现的，发现时经被上的珍珠已全被搜走。它似乎从实物的角度印证了《爱月轩笔记》的真实性。

凄惨的一幕

末代皇帝溥仪此时正寓居天津张园。听到东陵被炸开，祖宗被辱尸，陪葬宝物悉数被盗的事情，溥仪肝胆欲裂，立即传护陵大臣毓彭来责问。几乎是光杆司令的毓彭在12军"军事演习"的时候直接被限制进入陵区，他压根没想到国民革命军竟然会干盗墓的事，在任上碰到如此惨祸，哪敢去见溥仪，他只好躲起来不见面。溥仪此时早无生杀予夺大权，只能将其开除族籍。

在溥仪电召下，清朝宗族和遗老纷纷赶到张园商议对策。众人号啕大哭，然后在张园内设置乾隆和慈禧的灵位，每天祭奠三次。他们两天两夜召开"御前会议"，向蒋介石和平津卫戍司令阎锡山去电要求严查，同时通电各报馆，施加舆论压力。

为了重殓祖宗尸骨，"御前会议"决定派宝瑞臣、耆寿民、陈诒重等人前往东陵勘察，办埋一切善后事宜。8月18日，宝瑞臣等70余人乘车赶赴东陵。众人分乘小汽车10辆，大汽车6辆，从天津出发，因为正是阴雨连绵的季节，道路泥泞，很不好走，不足100公里的路竟走了两天。这些人非常珍惜这次机会，把所见所闻记成了日记。后来集成了集子，叫《东陵盗案汇编》。宝瑞臣等在现场痛哭流涕之后安排复葬。

可是，在东陵，所见场景惨不忍睹：当时尸骨一片狼藉。帝后妃的尸骨扔出了地宫，墓道上明楼上都是尸骨。因为当时地宫黑暗，渗水了，那些珍宝和尸骨就泡在深深的泥水之中。匪徒们打开地宫之后，面临两个大难题：一个是地宫之中一片汪洋，要在水中捞宝；一个是地宫之中一片黑暗，看不到目标。怎么办呢？兵匪们找来了筛子之类的东西，一部分人在地宫里面，用筛子在水中捞，捞到之后，传递到地宫之上，等候在地宫上面的兵匪接过来。可是，兵匪们一看，不对劲，不都是宝物，还有好多尸骨。于是，他们拿走了宝物，就把那些尸骨残忍地扔掉了，所以外面有许多尸骨。这是乾隆与后妃们的尸骨。"色皆黑"。乾隆帝及后妃的尸骨由于长期浸泡在水中，变质得很厉害。宗室宝熙在他的日记中记载："在砖中拾得脊骨一，色皆黑。"可以想见，由于长期泡在污水中，久而久之，他们的尸骨就变成了黑色。

宝瑞臣等人原打算按长幼辈序，先葬乾隆，再葬慈禧。但因当时乾隆的裕陵地宫积水很深，需排干水后才能复葬，故先葬慈禧。

载泽等人下到慈禧地宫，见慈禧遗体趴在棺盖上，头朝北，脚朝南，左手反搭在后背上。在地宫里已曝尸40多天，遗体上出现了许多斑点，长满了白毛。当时的地宫里面阴湿郁闷，又是夏天，尸体就这样将近50天，有这种现象也就不奇怪了。

载泽等人见内棺尚完好，可以继续使用，于是命老妇用一块黄绸子将慈禧遗体盖上，将一件黄缎褥铺在遗体一侧，然后慢慢翻转尸身，正好将遗体仰卧在黄缎褥上。只见慈禧面色灰白，两眼深陷无珠，颧骨高隆，嘴唇有伤痕。众人帮扶着，用如意板将慈禧遗体抬入棺内，如意板未撤出。遗体上盖上一件黄缎被，把从地宫里拾到的慈禧生前剪下的指甲和掉的牙用黄绸子包好，放在被上。载泽又将当年得到的慈禧遗物，一件黄缎袍、一件坎肩盖在被上，盖上棺盖，用漆封上棺口，重殓完毕。然后封闭了地宫，重新填土。

1983年12月6日，清东陵文物保管所决定重新清理慈禧内棺。清理小组打开棺盖后，看到一件黄缎大被把棺内盖得严严实实，被上盖着两件衣服。很显然，这是1928年载泽等人重殓时的原状，55年来一直没人动过。为稳妥起见，保管所领导决定先盖上棺盖，封闭地宫，将此事向上级汇报。

1984年1月4日，国家文物局派来了几名专家，与清东陵文物保管所组成了一个清理慈禧内棺10人小组。第二天，清理小组依次揭取了被上的两件衣服，发现了包着慈禧指甲和牙齿的小黄包。当黄缎卷走后，慈禧的遗骸呈现在眼前，她的脸部及上身用黄绸包裹着，下身穿着裤子，裤子上绣满了"寿"字，一只脚上穿着袜子。遗体仰身直卧着，头微微左偏，右手放在腹部，左臂自然地垂于身体左侧，两眼深陷成洞，腰间扎着一条丝带。遗体仍是完整一体的，全长 153 厘米。

清理小组用她身底下的如意板将遗体从棺中抬出，放在地宫的地面上。在棺内喷洒了防腐消毒药液后，又将慈禧的遗体抬入棺内。这是她死后第三次被抬入这口棺中。然后将被、小黄包及两件衣服完全按原样、原位置放回。一切都恢复了原状后，又往棺内喷洒了一遍药液，盖上棺盖，封好棺盖口，木工们将残破的外椁修好后，套在了棺外。

如今，慈禧的遗体仍完整地躺在棺木内，保留着 1928 年第二次入殓时的原样。

"自己行走"的棺椁

重新入殓好慈禧之后，他们又对乾隆等人的遗体进行了重新安葬。此时，乾隆墓里的水已经排干净了。可是，乾隆的脑骨不见了，这些人就是来安葬乾隆的，主要是他要安葬好，却偏偏找不到乾隆的脑袋。会不会在石门下压着？趴下一看，真在下面。赶紧派人去小心翼翼地请了出来。众人泪如雨下。

宝熙记载，"两眼只有深眶，执灯近前观看，好似有白光从眼眶里射出。"这些尸骨丢失了许多，像乾隆的手指骨与足趾骨没有了。由于裕陵的里里外外到处是尸骨，方城上、月台上、墓道里、地宫中，真是无处不有，乾隆帝的"手指及足趾骨则无从寻觅"，乾隆帝成了一个没手脚的残疾人。尤其是那些养尊处优的后妃，她们的尸骨"均已十不存五六"，要想重新恢复当时的样子不可能了。

就在他们寻找乾隆头骨时，发生了一件奇怪的事情！在地宫西北角的深水里忽然浮现出一具完整的女尸，面目如生，身体未腐，令人惊异。根据推断，这具女尸是孝仪纯皇后。死后被追封为孝仪皇后的她，是嘉庆皇帝的生母。这位孝仪皇后死于乾隆之前，同处一个地宫，为何唯独她的尸体保持如此完好？遗臣们心中大惑不解，成为乾隆墓里的另一个未解之谜。

关于孝仪纯皇后还有这样一个传说，据当地一个乡民述说，有两个士兵掀开一具棺木，里面的尸体宫装娥娥，绚丽涵秀，美晰如生，瑶簪珠履，九色斑龙。两人打算抬出棺外，扒下这件满缀珠翠的蟒袍，哪知尸体一离棺，仿佛听见一声呻吟，玉容微粲，两人吓得胆裂魂飞，立刻瘫在地下，不但神志丧失，而且口不能言。因为当时一人扶头，一人抬脚，一个抓住珠冠宝带，一个紧攒花

孝仪纯皇后

盆鞋底，将尸体抬出棺。这位面貌如生的女人是嘉庆生母孝仪皇后，有风水大师说她所占地脉正是灵气所钟，所以百年不腐。

可是，又一个问题让众人困扰不已，那就是如何区分那些散乱骨骸的身份呢？讨论了数日，最终决定合葬一棺，此举开创了有清以来帝后妃同葬一棺的唯一特例。

1928年8月31日，乾隆遗骨被复葬。宝瑞臣等人把乾隆头盖骨放在中央，把体骨放好，两边各放两具头颅，其他的骸骨就乱放了。盖上三层黄绸的花被。钉上了棺材，这时，众人终于完成了这项任务。葬完乾隆帝后妃遗骨后，人们盖上残缺的棺盖，掩闭最后这道石门，再将隧道完全填封。众人在陵墓外跪拜后，才满脸泪痕离去。

天下奇事就是这样令人费解，1975年，北京文物保管部门对裕陵地宫进行清理，前面的石门都轻松打开了，可是最后一道石门，怎么也推不开。当时工作人员纳闷，用千斤顶把最后一道石门顶起来，发现又是棺材顶住了石门，竟然还是乾隆的棺材，它又自己"走"了下来！迷信的人说这是乾隆的灵魂不想被惊扰，就自己下来顶住了石门。

研究发现，第四道石门积水深，长年泡着棺材，棺材烂了，四角都掉渣了，卡不住了，在地下水的浮力作用下，棺材浮起来，漂向了石门，阴差阳错就顶住了石门，无意中起到了自来石的作用，让人无法顺利进入裕陵地宫。但是，有人提出问题，同在地宫里的其他五具棺椁也在水中泡

着，四角也有烂掉的情况，为何这些棺椁就不动呢？乾隆棺椁顶门一事，至今专家未能拿出令人信服的答案。因此，乾隆棺椁为何两次"走到"石门后成为一大谜题。

有钱能使鬼推磨

重新入殓乾隆和慈禧遗体的同时，溥仪等清朝人士一直与平津卫戍司令部交涉，要求重办罪魁。然而，当时蒋介石和阎锡山面和暗斗，都想更大范围地控制北平周边局势，都想收拢掌握军队的孙殿英为己效命，谁也不想朝他发难。在当时官方就此事的往来函电中，虽然大家都心知肚明盗墓是孙殿英干的，却对盗墓部队番号与孙殿英的名字讳莫如深。

孙殿英在盗墓之时，已考虑如何善后，此时便发挥"有钱能使鬼推磨"的手段，从盗得的东陵宝藏中拿出珍品，向国民党要员四处打点。

多年后，据孙殿英身边的参谋长文强回忆，孙殿英曾不无得意地对文强说："乾隆墓中陪葬的珠宝不少，最宝贵的是乾隆颈项上的一串朝珠，上面有 18 颗珠子，听说是代表十八罗汉的。都是无价之宝，其中最大的两颗朱红的，在天津与雨农（戴笠）见面时，送给他做了见面礼。还有一柄九龙宝剑，我托雨农代我赠给委员长（蒋介石）和何部长（何应钦）了……"

孙殿英接着又说："慈禧太后墓被崩开后，墓室不及乾隆墓大，但随葬的东西就多得记不清楚了。从头到脚一身穿挂都是宝石。'翡翠西瓜'托雨农代我赠宋子文院长，口里含的一颗夜明珠，分开是两块，合拢就是一个圆球，我把夜明珠托雨农代我赠给蒋夫人（宋美龄）。宋氏兄妹收到我的宝物，引起了孔祥熙部长夫妇的眼红。接到雨农电话后，我选了两串朝靴上的宝石送去，才算了事……"

此外，孙殿英对军方里的头头脑脑均有所表示，送给阎锡山价值50 万元的黄金；对那些能帮助自己说好话的大小官员他都有礼物。就这样，上上下下打点完之后，所有管事的人都喜笑颜开，于是当局对此案的办法就是拖。这一拖就拖到了1929年，当时群情愤慨，但舆论毕竟是股"软力量"，虽当时很畏惧，时间一长，人们的注意力转移开了，就可大事化小、小事化了。如此一来，大家都在这案中"受益"，孙殿英更难受惩处。

1929年的中国，国民党新军阀混战的炮声不断，神州大地，战云蔽日，硝烟弥漫。其中打着"护党救国军"旗号的就有李宗仁、张发奎、俞作柏、唐生智、石友三等部，先后发动了反对蒋介石独裁统治的战争。然而这些人却都被蒋介石一个一个地击败，只有善于投机的阎锡山的晋绥军没有遭到打击，但是阎锡山知道，总有一天，蒋介石也会向自己开战。

清东陵被盗案一直没有结果，为了应对汹涌的舆论，表面文章还是要做的，阎锡山下令组织军事法庭审判，审判长为上将商震。1929年4月20日，预审开始。就在法院调查之时，孙殿英却坦然自若，竟以12军军长和案情以外的"第三者"身份，递交呈文，为盗陵的要犯、第八师师长谭温江辩护，罗列谭与盗陵案绝无关系的种种理由。

6月8日，预审结束，预审中，主犯谭温江拒不承认盗掘一事。最后的预审判决草案的结论：东陵盗案系遵化驻军勾结守陵人员，盗墓分赃。判决草案显然含糊其词，因为结论中的"遵化驻军"究竟指的是哪支部队，幕后主使究竟是谭温江还是孙殿英，一概都没有说清。

6月15日，军事法庭决定拟出审判书呈报，将谭温江等嫌疑犯在押，故久悬未决的东陵盗案结束，等待军政部军法司宣判执行。

孙殿英敢冒天下之大不韪，以刀砍斧劈炸药爆破，肆无忌惮地盗掘清东陵，理应受到制裁，但这一通天大案最后却不了了之。个中秘密当时外界并不清楚，有很多人认为盗墓贼已经受到了惩罚。后来才真相大白，法律面纱背后的肮脏交易，让孙殿英化险为夷。就在东陵案件审理的过程中，中国政坛已是危机四伏。蒋介石和阎锡山终于闹翻了。

没见过这么不要脸的

1930 年 4 月，蒋介石与阎锡山、冯玉祥、李宗仁等在河南、山东、安徽等省进行了一场中国现代史上规模最大的一场新军阀混战——中原大战。

冯玉祥指斥蒋介石为国家动乱不安的祸根，历数了蒋介石践踏民主，弄权卖国的种种恶端，并发誓要为国家除此祸害。冯玉祥称："近月以来，陕甘两省，大股土匪，到处焚掠，凡经被掠之人，周身悉现铁烙。迨军队拘获匪首，其身边皆带有委任状。"阎锡山通电称："将统率各军，陈师中原。古有挟天子以令诸侯者，全国必有而讨伐之，今有挟党部以作威福者，全国人亦必起而讨伐之。"

"中原大战"历时 7 个月，双方动员兵力 110 万人以上，支出军费 5 亿元，死伤 30 万人，战火波及 20 多个省。这期间，地方军阀混战也连续不断。中原大战的结果是蒋介石胜出，他所倚仗的各种手法，包括以职位、金钱、美女收买对手部下，拉拢一派打击另一派，虽然不光彩，但是很有用。

在这个军阀大混战的背景下，孙殿英得以逃过法律制裁，东陵盗案不

中原大战期间运兵的火车

了了之，成为民国历史上最大的悬案之一。其实之前的审判完全是做个样子，孙殿英始终未被列入嫌疑人。中原大战爆发前，孙殿英看到反蒋力量强大，就倒向了阎锡山和冯玉祥，当上了安徽省主席，成为割据一方的土皇帝。参与此案而被捕的重要人物就是师长谭温江。孙殿英出任安徽省主席之前，他的参谋长提出，我们既与之对敌，"法律已无遵守之必要"，他建议孙殿英以"谭师长手中的宝物都是从土匪那里查获的"为由，救出谭温江。

孙殿英一拍大腿，说"只顾招兵买马，差点把还在牢里的老谭忘了"！于是他立即堂而皇之地向阎锡山交涉，随手写个呈文说案发期间谭温江不在现场，所以根本不可能作案。呈文里罗列了1928年7月4日到7月11日谭温江的"行踪"，都是到了蓟县、北平、渠头、郭家府之类的地方。阎锡山知道这全是胡扯，但正是用他之际，也就满足其要求，不几天谭温江就大摇大摆地出狱，回到孙殿英手下继续当他的师长。

眼巴巴等待严惩罪魁祸首的溥仪气得要疯，当着满脸鼻涕眼泪的请室人等，在灵堂里郑重发誓："不报此仇，便不是爱新觉罗的子孙！"然而此时，他怀有再大的仇恨，也是心有余力不足。1932年春，日本为掩盖1931年侵占中国东北的罪行，欲抬出他来充任伪满傀儡，他立即答应。面对很多人的极力劝阻，他什么劝告也听不进去了。

干下盗掘东陵、暴发横财之事的孙殿英不但秋毫无损，而且官运亨通，当然得意不已。他四处吹嘘自己多么了得，还为盗陵给出了个振振有词的理由："清廷杀了我祖宗三代，不得不报仇革命。孙中山有同盟会、国民党，革了清廷的命；冯焕章（冯玉祥）用枪杆子去逼宫，把末代皇帝溥仪及其皇族赶出了皇宫。我孙殿英枪杆子没得几条，只有革死人的命。"

如果有人斥责他这是财迷心窍而破坏古迹的罪行强行辩护，他还有说辞：明十三陵不是就在旁边吗？我咋不盗明陵呢！这番言论真是无耻到了极点。

还有个传说，也对孙殿英十分有利：说孙殿英驻扎马兰峪后，当地一老道找到他，对他说，"清陵完璧，恐清廷将有复辟之事，将军急图之！"

因此他立即掘了东陵，断了清廷"龙脉"。从此清廷彻底衰微，再不成气候。这当然是孙殿英为自己的可耻行为做的美化。

中原大战开始后，盗陵风波逐渐平息，孙殿英又开始了他的销赃计划。有了这笔富可敌国的财富，孙殿英一下子成了土豪，他用走私珍宝得到的钱购买了大量先进的武器，从而使自己部队的装备焕然一新。他的军队势力一度膨胀到7万多人，成为一个各方拉拢的对象。一场震惊全国的盗宝大案就这样无声无息平静下来，却是不争的事实。大部分慈禧陵墓里的奇珍异宝或被变卖，或被毁坏，或被走私海外，至今下落不明。

九龙宝剑的诅咒

孙殿英盗墓后，一度自诩此举是"最后一击"，因此并不讳谈所盗宝物。他告诉别人，乾隆墓堂皇极了，棺材里陪葬宝物不少，其中最宝贵的是乾隆颈上的一串朝珠和身边的一柄九龙宝剑。此剑共五尺，剑柄特长，上雕九条金龙，象征"九九归一"。剑鞘用名贵鲨鱼皮制成，嵌满红蓝宝石及金刚钻，堪称价值连城。

1939年，孙殿英将最珍贵的九龙剑交给戴笠，请他转送蒋介石。当时正值抗战，戴笠命令军统特务马汉三设法将宝剑送往重庆，呈献给蒋介石。

马汉三深知这把九龙宝剑价值连城，所以他想利用战乱的形势，寻觅机会占为己有。意想不到的是，1940年，马汉三在张家口活动的时候，被日军逮捕。

马汉三落到日本特务机关手里以后，为了活命，不仅供出了所有知道的情报，而且献出了价值连城的九龙宝剑，结果他后来被日本特务机关秘密释放。日本人投降后，时刻关注宝剑下落的马汉三，得知宝剑此刻藏在大间谍川岛芳子在北平的家里以后，迅速逮捕了川岛芳子，并从她家中搜出了宝剑。

1946年3月，戴笠到北平第一监狱提审川岛芳子。狱中的川岛芳子说出了一个令戴笠震惊的秘密：原来，军统北平站站长马汉三在抗战的时候曾经被捕叛变，前不久，马汉三还从川岛芳子家中搜走了叛变时献出的九龙宝剑。

戴笠从川岛芳子口中获得这个意外消息以后，便进一步对马汉三进行了秘密调查。马汉三发现事情败露以后，主动把宝剑交出，他还给戴笠送了好多金银财宝、古董、字画。戴笠法外开恩，饶恕了马汉三。

可是这柄宝剑不久又从世间消失了，这次是进了戴笠的墓中。原军统干将沈醉在《我所知道的戴笠》中写道，1946年3月17日，戴笠携九龙剑由青岛启程直飞南京。谁知天气恶劣，飞机一头撞在江宁岱山上，机毁人亡，大火烧了数个小时。

军统派人为戴笠收殓。当沈醉从江宁农民手中寻回九龙剑时，它的剑鞘和剑柄早已烧得一干二净，只能看出是一个残损的长铁片。于是沈醉将它和戴笠的遗骸一起放入棺材中，运回灵谷寺志公殿暂放。数月后，蒋介石亲选无梁殿西侧一片前有小池塘的坡地，将戴笠安葬。沈醉亲自督造建墓，因戴笠杀害过许多共产党人和进步人士，害怕受到报复，因此安放棺木后，特地将水泥灌入墓中加固。

沈醉的顾虑不久成为现实，1951年春天，在南京各界的强烈要求下，戴笠墓被夷为平地。那么九龙剑残身在这次掘墓后到哪里去了呢？毕生在中山陵从事文保工作的刘维才老人当时在灵谷寺派出所工作，当年戴笠墓的平毁工作就是在他的监督下完成的。他说，1951年陵区东山头村数名农民花了半个月的时间，用铁镐沿戴笠墓水泥的接合处将墓扒开。呈现在眼前的是一个红漆木棺。刘维才说，开棺后他们发现里面除了戴笠遗骸外，只有一把被烧得变形的左轮手枪，一个皮鞋后跟，还有就是那把九龙剑，"那是一个一尺多长的狭长铁片，锈蚀得厉害，只依稀看出宝剑剑身的样子。"

当时这些东西被一股脑倒进墓前的池塘中填埋，而戴笠的棺材则被农民运回去箍桶用了。九龙宝剑流落到军统马汉三、日本特务川岛芳子，以及戴笠手中，这三个曾经拥有九龙宝剑的人全都死于非命，乾隆宝剑诅咒的传说也因此传开来。

世事沧桑，当九龙宝剑的谜底被揭开时，一切早已无迹可寻。也许对这件国宝来说，化作紫金山中的一抔春泥也是不错的归宿。

躺着也中枪

徐源泉是孙殿英的直属领导，当时担任国民党第六集团军总司令，据说孙殿英离开东陵后，为了应付舆论压力，他曾经以"剿匪所获"为名向徐源泉上交了两箱珠宝。关于这两箱珠宝，"东陵盗案"曝光后，徐源泉未敢私藏，全部上缴了。据说北平卫戍司令部把它们存入银行，后来随着高等军法会审理的不了了之，这批文物又去了何处就无迹可寻了。

有人说徐源泉后来索要回了这两箱宝藏，按照当时流行的说法是徐源泉将宝藏埋在了自家的地下密室中。那么东陵的宝物是否真的藏在徐公馆呢？

徐源泉公馆坐落于武汉新洲区仓埠镇南下街。1931年，时任国民党第六集团军陆军上将的徐源泉，耗资10万大洋在仓埠镇建成占地面积4230平方米的徐公馆，融中西建筑艺术风格为一体，极其富丽堂皇。公馆的地下室有个秘道，传说宝藏就埋在这条秘道里。秘道里到底有没有宝藏呢，很多"知情者"纷纷表述了自己的看法。

据徐源泉姐姐的养子林庚凡老人介绍，他小时候曾到过徐公馆玩耍，那时徐公馆富丽堂皇，地道里尽是值钱的宝贝。徐源泉的妻子当时有一顶凤冠金光灿烂。他认为，徐公馆的地下可能藏有清东陵财宝。

对于沸沸扬扬的藏宝之说，新洲区文物管理所的工作人员则认为东陵宝物藏于徐公馆没有任何证据，来源只是民间的一些传言以及某些研究人员的推测。早些时候，文物部门曾对徐公馆进行过一次较大规模的维修工作，但未发现有传说中的藏宝地道。

徐公馆

对于徐公馆是否藏有宝物，徐源泉的儿子徐钧武也有自己的看法。徐钧武说，他的父亲自小离家并未和家人在此居住。抗战胜利后，徐源泉一直住在武汉市区。1948年徐源泉写信让徐钧武去广州见面，徐钧武去了才知道，父亲已决定不回武汉了。徐钧武说："如果说有什么东陵财宝的话，他肯定会要我带过去，或嘱咐我将财宝转移。而我们从未听说有东陵财宝的事，徐公馆藏宝的可能性不大。"

"东陵盗宝案"发生后，很多珍宝就像蒸发了一样从此杳无音讯，只留下后人无限的期许与无尽的感伤。孙殿英逃脱惩罚，继续他的军阀人生。

1943年4月，日军出动20万人进攻太行山区。4月23日，日军将孙殿英部防地四面包围，被包围的孙殿英率部投降日军，当了汉奸"和平救国军"。

1945年8月，日寇投降，孙殿英又向蒋介石投诚，摇身一变，变为"国民党先遣军"，被改编为新编第四路军，追随蒋介石反共反人民，打内战。

1947年4月，晋冀鲁豫野战军（二野）进攻河南汤阴，汤阴守将就是孙殿英。孙殿英筑起五道城防，还是在半个月内即兵败城破，他本人则被活捉。孙殿英当时携带着2个箱子，可是里面都是普通的生活用品，没有什么值钱的宝物了。

被捕的孙殿英因嗜食大烟不能得到满足，加之年老体弱，1947年秋，孙殿英病死。因盗墓而家喻户晓的他，终于自己也走进了坟墓。在病危之际，他忏悔说："我过去做了许多坏事，对不起民众，对不起共产党。共产党宽宏大量，不计怨仇，比蒋介石不知好多少倍啊！"

大捞一把

孙殿英恶贯满盈，他死的时候已经是盗墓之后第19个年头了。咱们不妨再回头说说清东陵。孙殿英没有得到应有的惩罚，清东陵依然如故，那些劫后余生的陵寝里还有大量的宝物，很多不死心的盗墓贼依然盯着清东陵，一有机会就想下手。

溥仪在日本的扶持、操纵下当上了伪满傀儡皇帝。可是，东陵被盗对他的刺激实在太大，他极力要求加强对东陵的守护。仍让无数匪徒盗贼眼红的清东陵，暂时得到了一段时间的安宁。

1945年8月15日，日本宣布无条件投降，末日来临的日军和伪军纷纷向长城以北退去，伪警察机构也立即溃散。此时的东陵地区，日本人的统治已经终结，国民党没来得及接收，而八路军也未在此地开展工作，东陵地区再次出现管理真空。

我们前文提到的马福田、王绍义匪帮被孙殿英击溃后，其大部人马作鸟兽散，但几个骨干分子一直贼心不死，特别是年轻时当过陵工、熟悉陵寝构造的王绍义始终惦记着盗墓这件事。因溥仪对东陵的严密保护，王绍义多年来无从下手。1937年后，已过不惑之年的王绍义定居东陵附近的新立村，和两个儿子种地为生，农闲时弹棉花补贴家用。看似金盆洗手的匪首王绍义在农家生活之下，依然与周边地痞时通声气，只等机会来临的一天。

日本投降后，王绍义找到杨芝草："你听说了吧，陵上和马兰峪街上的日本人、警察都走了，陵里的事没人管，何不趁此机会捞一把？等着八路军都安排好了，自然就不好办了。"

杨芝草，人称"小诸葛"。年岁不大，坏事没少干，年轻时曾挨土匪绑票，后来投靠日本人当伪警察，觉得油水不大，回家种地。后来被吸收到民兵队伍里来，从盗挖定陵开始，他一个陵也没落下，得了多少宝物，只有他自己清楚。

穆树轩，50多岁，祖辈守陵人，同土匪头子"四海红"沾亲带故，长大成人后成为"四海红"的左膀右臂，跟着干了些绑票、打劫、聚赌、嫖女人的勾当。后来这支土匪被八路军打散后，他才回到家里，以砍陵上的树木、拆陵上的房屋为生。因为是个人尖子、土光棍，又当上了副村长，他上头也顶，下头也压，是个头上长疮、脚底流脓的坏家伙。

围绕着东陵的几十个村庄，多是为了侍奉陵寝而建的，住的都是些清代守陵人的后裔，因而对每座陵的情况十分熟悉。当年孙殿英盗陵抓的向导其后代大有人在，这次盗陵当然也离不开他们。盗陵主犯关会增便是其中之一。关家祖辈是修陵的，又是建地宫的名匠，知道定陵的底细，上述这些人都是贪财之徒，自然与王绍义一拍即合，他们达成了按股分成的口头协议。

1945年下半年，一刻也不忘记东陵宝藏的盗贼又开始磨刀霍霍，砍伐陵区树木、撬拆地面建筑等零零星星的盗墓活动逐渐出现。这个苗头一动，中共冀东区党委就察觉了，立即派出一个营的兵力前往清东陵守卫。1945年底，因国民党军队进攻玉田、武清，护陵部队紧急开往前线，清东陵又一次成为无人看守的"无主之地"。庞大、奢华、珍贵的清东陵，又一次失去了呵护，暴露在历史的风雨中。

盗墓者联盟

当八路军的护陵部队因为作战任务撤走后，狐狸般灵敏的王绍义一跃而起，抓住这难得的真空缝隙，紧锣密鼓地筹备起盗陵事宜。一次更大的浩劫再次降临清东陵。

王绍义也考虑到事发后的对策，他没有当年孙殿英恃以自重的军队，就想钻个"法不责众"的空子，拼命发动民众参与。除了素有联系的旧匪外，他串联了包括村民在内的大批人等，仅附近 15 个村镇，参加他这次盗陵的就有数百人。

庞大的盗墓大军在王绍义、杨芝草等带领下，打着"打倒皇帝"的旗号，明目张胆地开始盗窃陵寝。由于多种原因，清东陵第二次被盗案一直披着神秘的面纱，更多的事实鲜见记载。

1945 年 9 月 23 日，经过精心策划，王绍义把盗陵队伍分成两拨：一拨在陵西用雷管炸药打石头以掩人耳目，另一拨盗陵。他们作案的第一个目标就是咸丰皇帝的陵寝定陵。在可供查询的有限的资料中，可以得知，这伙盗墓大军在明楼内影壁墙下挖开一处洞口，沿石陵而下，然后用炸药炸开石门，入室劫掠如山财宝。这次所盗的珍贵之物，全归头目所得，剩下的珍珠玛瑙、翡翠等小东西，给参加盗陵的 20 多个村民每人抓上一把了事。

定陵被盗后的又一个日落西山、百鸟入林的清秋之夜，王绍义与赵子新、刘恩、杨芝草、赵国正等人聚在一起，将慈安太后的陵寝盗掘一空。

王绍义他们盗陵的事很快被当地基层组织发觉，为了寻找黑后台，狡

咸丰皇帝定陵

诈的王绍义瞄住了张尽忠。张尽忠曾在汤泉金矿当过护矿警察，后长期活动在马兰峪和陵圈之内。由于他胆大包天，生死不惧，经常只身出入。可就是这个有点声望的人，在王绍义带来的珍宝金头九连环（一两八钱多）、白玉镯、翠扳指、白珍珠前（皆为盗定陵、慈安陵所得）束手就擒，成为东陵第二盗案的又一组织者和策划者。同时下水的还有小麻子张森，他从小卖烧饼、麻花，又跳过大神，能说会道，会耍小聪明，绰号"小神仙"，也是个不好侍弄的人物。郭正、纪新等人在东陵珍宝的巨大诱惑下，都被王绍义拉下了水。

他们一帮人迷惑群众，还合计定了些"黑话"以防万一。管盗陵叫"挖金"，调集人叫"集训"，晴天称"天高"，黑天称"明路"，动手叫"立拖"。同时广泛动员陵寝地宫的知情者、会玩雷管炸药的"能人"加入。这群匪徒、社会渣滓还软硬兼施地拉拢了介儒（专案组侦查时，介儒首先交代自己只跟着盗过惠陵的罪行）。就这样，在张尽忠等人的精心策划下，利用陵寝周围人们心里没底这一时机，加以蛊惑人心的口号，把盗陵的罪行"合理合法化"，使不明真相的人和一些流氓纷纷加入这种"挖金"的行列。

一切准备就绪，王绍义、张尽忠等决定对几座大的陵寝统一行动，剩下的陵寝则让大伙儿随便挖。首先向同治帝合葬的惠陵开炮。王绍义非但

清东陵地面建筑

宣传到位，防范手段也很严密，"岗哨啊，东边放到侯家山，西边放到新立去，北面放到塔山上，南面放到新城去。圈里头一个生人也不让进来。"

王绍义在前边训着话，张尽忠在后面已经布置好，见人群散了，皇城下就响起了"轰隆隆"的爆炸声，相伴的是锹镐的撞击声和嘈杂的人语声，硬是凿开了陵墓。

第一道石门被手榴弹炸了三次，旁边炸开个能钻进人的小洞，第二道第三道石门被王绍义撬动"自来石"而推开。张尽忠道："所有人一律站门外去，我挑几个进去。谁乱动就打死谁。旁边站着的把手电往里照。"张尽忠指挥王绍义、赵国正、杨芝草、张森等人，先撬同治的棺材，自己则站在皇后的棺材上面，一手持枪，一手打手电，全神贯注地监视着……人们看见皇帝的龙袍在闪光，以为人体坏不了。当王绍义手一伸，发现里面只剩一床骨头，因同治帝筋肉腐烂，满身带着刺鼻的腥臭，一抓犹如泥灰，令人作呕。尽管这样，为了珠宝，十几只手在泥骨里乱搅，直到搜罗干净为止。

打开皇后的棺材，光亮下人们全发呆了：这像个活人闭目养神呢！王茂（王绍义长子）"哎呀"一声吓昏过去。张尽忠见几个人目瞪口呆，大声吼道："都愣着干啥？还不快动手搜罗东西！"大家这才动起来，有的扯衣服上的珍珠，有的取身旁的宝物，有的摘头上的凤冠霞帔，有的取簪环首饰……

同治帝画像

惠陵被盗的文物有皇帝翠印一颗、皇后翠印一颗，书籍及印刷版之类。半斤重金墨匣一方、重四两金八卦一个、金表一个、朝珠白绦各两串、二十四颗的白珠子两串、翠扳指一个、金火盆一个、翠烟袋一支。凤冠一顶，白玉镯、金镯各一对，翡翠、珍珠、玛瑙及木质朝珠各一串，重三两金九连环一件，凤凰簪子一件，玛瑙扳指、金镶白珠戒指、翠牌各一个，长翠簪一件，其他零星物品无法统计。

惠陵被盗后，由于东陵当时处于无人管理状态，盗口一直到 1952 年清东陵成立文物保管所时才堵砌上。由于洞口长期未堵，当地许多百姓都到地宫里看过。

棺材中喷出的鬼火

1945 年 12 月 22 日，月黑风高，伸手难见五指。昌瑞山下震耳欲聋——盗掘康熙皇帝的景陵，300 多双罪恶的手伸向景陵地宫，对康熙皇帝拖骨曝尸。经过三昼夜，终于挖开了景陵地宫，搜出了珍宝几大麻袋和其他文物无数。王绍义洋洋得意地说："我们所挖的几座陵，就数这景陵的宝物多，不次于慈禧、乾隆的陵啊！"张尽忠也乐不可支："好东西比孙殿英得到还多呀！"

张尽忠、王绍义规定，参加者人人有份，但必须由他们俩先挑。打开康熙的景陵之前，有一个叫田大化的人，平日在一些闲书和京剧中知道康熙有个稀世之宝——九龙杯，在盗陵前就不断嚷嚷他啥也不要，就要这个九龙杯！

景陵洞开，田大化的儿子田广坤和同村的一个村民一马当先，奔到康熙棺前，瞪着血红的眼睛二话不说就拼命撬棺。棺木刚被撬开一条缝，两人急不可耐就朝棺中看去，不料棺中有一团绿火忽然喷出，将两人脸部烧个稀烂。康熙棺材里为什么会喷出绿火，有人说是骨头里的磷火，俗称"鬼火"。通常情况下，人和动物的尸体腐烂会分解出磷化氢，并自动燃烧，夜间在野地里看到的白色带蓝色火焰的就是磷火。

"鬼火"为什么一般多见于盛夏之夜呢？

康熙帝画像

这是因为盛夏天气炎热，温度很高，化学反应速度加快，磷化氢易于形成。由于气温高，磷化氢也易于自燃。磷在自然条件下燃烧温度为40℃。所以磷是极易燃烧的！这些盗墓贼为了照明，除了手电筒，他们还打着火把进入墓室，也许就是火把的温度，导致磷火燃烧的吧！

那一刻，在场的人都以为康熙皇帝显灵了，有的人就想罢手，但是在张尽忠、王绍义的鼓动下，康熙的棺椁被打开，里面的宝物果然堆积如山。

到分配财宝之时，虽二人被烧伤后中途退出，但给大家做了回挡箭牌，也有"功劳"，财宝也给一份。没想到，康熙墓里还真有个九龙杯！就分给了田广坤，他爸田大化也就真的得到了这个他日思夜想的稀世之宝。

这伙财迷心窍的匪徒在陵区肆无忌惮劫掠达3个月之久。头一次孙殿英盗陵，用7天时间掘开了乾隆、慈禧二陵；而在第二次大规模的盗陵犯罪中，近千人盗掘了康熙的景陵、咸丰的定陵、慈安太后的普祥峪定东陵和同治的惠陵，一共四座！

王绍义一伙本来就是土匪、无赖、盗墓贼，干将们贪婪成性，打的招

康熙帝景陵全景

牌是"按股分配",却又导演出一幕又一幕分赃大火拼的丑剧。张尽忠心狠手辣,坚持在孝东陵分定陵和景陵的宝物,这里距他家近,一旦打起来也有退身之地。面对众多的珍宝,众人你拿我抢地乱成一锅粥,最后以比枪法打孝东陵殿檐上的人兽定输赢分宝物。张尽忠和王绍义还设下圈套,事先安排好人,听见枪响就冒充有人来敲门过问,又由他们出面应付过去,最后自然得宝最多的是王绍义和张尽忠。

好事不出庄,坏事乱嚷嚷。"要发财去盗墓,一夜成为暴发户",这股邪风迅速蔓延到陵区的四周邻舍。平时游手好闲、不务正业的人见状,纷纷走上这条盗陵生财之道。

关会增、贾正国一起挖掘了康熙的双妃陵。

穆树轩同贾井满把裕陵园寝里的香妃墓掘了。

王绍义父子又钻进裕陵园寝连盗两座妃子墓……

整个清东陵的墓几乎无一幸免,强烈盗宝欲望的驱使,让王绍义团伙"克服万难"。在无人看管的情况下,他们肆意妄为,一道道石门被炸药炸开,一座座地宫被掘破,一具具帝后棺椁被劈烂,昔日肃穆万分的清东陵几乎成了一片废墟。

正义的枪声

王绍义一伙"挖金人"的一举一动很快被人侦知。军统马汉三立即密报戴笠。根据密令,马汉三迅速指使手下特务郑恩普、张树庭全力调查此事,并做了周密部署:一是抽调人员,四路设卡,安排部分特工守在珠宝店里,捉拿来北平销赃的盗陵犯,没收其全部珠宝,人员关押审讯;二是派出专人,缉拿主犯张尽忠,企图把盗陵的幕后指挥者这一罪名祸水东引;三是要展开攻势,召开新闻记者会,大造舆论。

清东陵再次被盗,因是发生在抗战刚刚胜利之后,社会注意力还沉浸在胜利的兴奋中,其社会影响远没有孙殿英那次大。但共产党领导的蓟县公安局接到报案后,立即开展了侦察。当时的条件极为艰苦,整个蓟县公安局的所有交通工具是一辆自行车！公安局局长云光和警卫员赵蔚就轮流骑着这辆车，你带我一程、我带你一程地赶到了现场。

现场一片凄凉，曾经云集的盗墓贼早已一哄而散、逃之夭夭。云光、赵蔚先来到康熙的景陵，从地宫被盗的洞口往下看去，满目都是横七竖八的石条，再向下就全是水，无法入内查看。再打着火把下到同治的惠陵地宫，墓道一路空空荡荡；到了陵寝，只见两具被劈开的棺椁，右为同治，左为皇后。19岁去世的同治，棺内除了一把骨头，别无他物；22岁去世的皇后却尸身完好，长发披散地趴在棺内。后来翻过尸身，发现她已被开膛破肚，这是因为那些盗匪听说皇后是吞金而死，他们为了取金子而为。

公安部门判断：这是地方惯匪纠集一帮愚昧群众干的。随后的追查表明正是如此，附近那么多参与者，在进一步侦察中纷纷浮出水面。案情查清后，当时缉捕人犯的政策是："首恶必抓，胁从不咎。"实行镇压与宽大相结合。但是在强大的攻势下，张尽忠、王绍义和一些盗墓骨干闻风逃走，一部分参与的人自首，陆陆续续上缴了一些赃物。

与此同时，军统特务张树庭几进东陵，收集盗陵的情报，军统头目郑恩普调集城内的侦缉队堵住四门八巷，缉拿马兰峪的人关押审讯，先后抓捕70余人，收缴了800多件珍稀之宝（部分被马汉三等贪污，还有部分马汉三送给戴笠，仅存小部分追缴转送故宫博物院）。为了邀功，张树庭浑水摸鱼，竭尽其能挑拨事端。蓟遵兴联合县专案组介入，掀起了揭发检举的热潮，追查盗陵犯的工作很快呈现出"老鼠过街，人人喊打"的态势。经过揭发、追查、审讯、抓捕等工作，东陵的盗掘者主犯得到了应有的下场：

1946年2月1日，即农历大年三十，已捕获的6名主犯被押赴刑场执行枪决。

在枪毙盗陵主犯时，张森是陪绑的骨干盗陵分子之一。可是，行刑的枪声都没能挡住他的贪婪。他交出了部分赃物后被放回家。不久，他就拿着更多的藏匿珍宝到北平销售，在那里被抓住，再一次险些被枪毙。

而这之后他竟然又开始为军统效力，抓住张尽忠就来源于他提供的情报。几次在枪口下偷生的张森仍然贼性不改，1949 年，他又纠集了一批人潜入清东陵，造成了对清东陵的又一次破坏。直到新中国成立后，张森才被严惩。

首犯王绍义、张尽忠畏罪潜逃。张尽忠潜往唐山唐家庄一个小煤矿，1946 年 6 月 27 日被抓获，1948 年 2 月 28 日病死于北平地方法院看守所。

惯匪王绍义依仗手中有枪，枪法又准，1946 年初外逃。办案人员千里追踪，途经三个县和上百个村庄，连续缉捕五年之久，最后终于在八仙桌子山上将其抓获，1951 年 3 月 21 日王绍义被枪决。

永远的谜

整个清东陵最后收缴的陵寝物品包括：黄金五斤十四两（老秤，十六两一斤），其中有金戒指、已断开的小金塔等。还有大小不等的点翠头饰、鼻烟壶、翡翠、玛瑙、玉石等，共有大半脸盆。珍珠有一茶盘。半袋子各样珍宝，还有赫赫有名的九龙杯。

盗陵事发之后，田大化携杯潜逃。1946 年 2 月的一天，田大化终于回来了，交出了九龙杯。这是一只洁白无瑕、玲珑剔透的酒杯，上面有盖，杯体呈长方形，高 3 厘米，宽 4 厘米，长 6 厘米；在杯的四角各雕二龙戏珠一对，杯把上也雕有一条龙，这九条龙姿态各异、栩栩如生，杯也因此而得名；尤其是白玉的质地和那精湛的雕镂技艺，更是令人叹为观止！

此次清东陵大盗案，两个最主要的盗陵分子张尽忠和王绍义分得的赃物最多。王绍义被捕后供称，盗陵他共分得各种珍宝一百多件，多数都在逃亡过程中卖掉了。在张尽忠的住处共搜出了十几件宝贝，其中一条金龙有一尺多长，拿在手里全身会动，像活的一样。这些宝物被军统收走。后来张尽忠在狱中还供述，他在清东陵某处埋着一坛子宝贝，但

清东陵龙凤门

这是否属实已经无法查证。此外，军统在北平等地收缴的 800 多件宝物，后来被马汉三及其同伙贪污了一部分。马汉三后来被郑恩普举报，被军统处死。这批珍宝最终下落不明。

这部分能够被提及的珍宝，其实只是清东陵失窃宝物中非常少的一部分。1945 年的这次盗陵，被盗的陵寝达 11 座，参与人数多达千人，虽然主要珍宝被几个主犯瓜分，但凡是参与盗陵的人员都不会空手而还，即便是人均分得一两件，总数也相当惊人。而这种坐地分赃的盗陵，让众多珍宝的下落根本无据可查。

第二次清东陵盗宝案，至此画上了句号。清东陵经历了这样两次浩劫，珍贵的历史文化遗产横遭蹂躏，无数民族瑰宝散失流落。清东陵的民国命运充分说明了文化传承的艰难，以及正常社会秩序的可贵。

1952 年，清东陵成立了文物保管处，国家开始将清东陵纳入一级文物保护区范围。在 20 世纪 70 年代，清东陵文物管理处对裕陵地宫进行整理的过程中，发掘出一批文物，现陈列在展览馆中。这些在孙殿英盗墓过程中被遗漏的珍宝，至今仍散发着璀璨光芒。

当代工匠制作的九龙玉杯

鸟瞰清东陵

看到这些，让人不禁痛心发问：究竟有多少珍宝被盗墓分子掳掠而去？半个多世纪以来，清东陵文物管理处一直在进行着文物征集工作，但是一无所获。清东陵里的无数国宝，就像是跟世人玩捉迷藏一般，不经意间从历史中浅浅地露出头，似乎有迹可循，但随即又隐藏于历史的暗处。这些国宝到底流失到哪里去了，却是个谜！

历史的一页翻过。2000年11月30日，清东陵被正式列入世界文化遗产名录，四面八方的游客纷至沓来。但愿这份珍贵的遗产在再不遭受盗匪和兵火洗劫的情况下，也少一些现代商业污染，以其历史原貌代代相传。

第八章 皇城风云
——故宫盗案之谜

北京故宫博物院，这座世界上最大的宫殿，历经近600年的沧桑之后，依然以它无与伦比的高贵、富丽堂皇的风姿和傲视古今的众多国宝神秘端坐在北京城的中心。这座神秘的宫殿，淡看人生起伏，历经风风雨雨，终于迎来了新生，履行着自己浴火重生的神圣使命。从建立故宫博物院那一刻开始，就注定这里不会是一个宁静的港湾……

神经太太惹不起

故宫，又称"紫禁城"，这个名字是借喻紫微星垣而来的。中国古代天文学家把天上的恒星分为三垣、二十八宿和其他星座。三垣包括太微垣、紫微垣和天市垣。紫微星垣在三垣中央，因此成了代表天帝的星座。天帝是至高无上的，天帝住的地方叫紫宫，人间的皇帝也是至尊的，因此皇帝住的地方就叫紫禁城。紫禁城是中国明、清两代24位皇帝的皇宫，人们习惯称故宫。

故宫确实让人着迷，不仅因为这里曾经是皇权的核心，而且故宫拥有的奇珍异宝对人们具有巨大的诱惑力。为了保护好这些历史文物，故宫管理部门想尽了一切办法，可是还有一些自作聪明的窃贼盯上故宫，潜入盗宝。

自从故宫对民众开放以来，80多年间，有人为故宫里的藏宝付出了一生的热情，也有人为故宫藏宝进了牢狱，更有人因为故宫藏宝而走向死亡，其中最令人震惊的自然是那些故宫盗宝大案。关于这些盗案，我们不妨从头说起，最令人感慨的恐怕就是民国期间，故宫博物院首任院长易培基的"监守自盗"案了。可是，当尘埃落定人们才发现，易培基却是一件令人沉痛、哀缅的冤案主角。他完全是被恶人诬陷盗取故宫国宝，至死他也没有为自己恢复名誉。

易培基，湖南省立第一师范学校校长，故宫博物院首任院长。湖南省善化（今长沙市）人，1880 年 2 月 28 日出生。他受过良好教育，毕业于湖南方言学堂，留学日本，后加入同盟会，参加过武昌起义，曾任黎元洪的秘书。后来，易培基因不愿随黎元洪依附袁世凯而弃官职回湘，先后任湖南高等师范学堂、长沙师范以及湖南省立第一师范教员、校长等职。

易培基一生酷爱古籍和文物，金石书画鉴别极为精审，30 余年经手古籍无数，家藏有宋元刊本 10 余种，明本近 500 种，殿本 50 余种，碑帖 1300 种。湖南袁芳瑛"卧雪庐"藏书流散后，他购藏颇多。湘乡王礼培藏书，也被其收购大半，多罕见善本，主要是批校抄稿本，入藏在上海江湾私宅，其藏书楼有三层 30 余间。可见易培基是一位非常有责任心的中国传统知识分子。

1925 年 10 月，故宫博物院成立了，易培基被任命为理事兼文物馆馆长。

1928 年 10 月，故宫博物院组织法、理事会条例及任命 27 位理事的名单公布。理事会在南京开会推定李石曾（煜瀛）为理事长，精通文物典籍的易培基为首任院长，张继（溥泉）内定为副院长，他们都是理事会的常务理事。

在就职的那一天，院长易培基因病没有到任。按理应该由副院长张继来主持工作，但院长易培基不同意，宁可等着自己病愈，也不愿张继染手自己的分内工作。事后易培基解释："溥泉神经，又要听神经太太的支配，不能让他当家……"

张继，字溥泉，1902 年在横滨结识孙中山，参与创立华兴会，1905 年在东京加入同盟会，辛亥革命前后得孙中山器重。1924 年第一次国共合作时，因反对孙中山的联俄、联共、扶助农工三大政策，被开除党籍。1926年，张继作为西山会议派头目在上海主持召开非法的国民党"二大"，成为国民党内三足鼎立的一方。

张继闻听此言，觉得很没面子，与易培基就此产生芥蒂。他的老婆崔振华是有名的"河东狮吼"，经常干涉张继的公事、私事。她对丈夫身为同盟会元老，居然无法操纵故宫博物院的大权而耿耿于怀，这就埋下了她日后疯狂报复易培基的仇恨种子。

易培基养病期间，博物馆的日常工作由身为李石曾的侄子、易培基女婿的秘书长李玄伯（又名李宗侗）主持。

一个艰难的决定

九一八事变后，北平危在旦夕，高等学校纷纷部署南迁。国难当头，国宝将如何保全？为安全起见，故宫博物院也酝酿着迁离北平。

可是，国宝迁移牵涉各方人士的切身利益，副院长张继主张西迁，将文物运往西安，因为西安身处大后方，易守难攻。

院长易培基则提出南迁上海，将文物保存在租界，希望借助英法美的力量保全文物。以易培基为首的南迁派认为：日军既有可能得寸进尺，继续南侵，有必要把故宫博物院重要文物转移到南方安全地带，避免落入敌手，或在战火中毁掉。

日军侵略军占领东北

以周肇祥为首的若干人则反对南迁，他们认为：外敌当前，国宝运出北京，会动摇人心，引起社会不安，呼吁政府应以保卫国土为重，以安定民心为重，停止古物南迁，不应对敌处采取妥协退让态度；且古物"一散不可复合"，绝不能轻易他迁，以免散失。

此后，对待文物去向持三种态度的派系展开激烈争论，在多个场合的民众集会上，周肇祥多次公开表示要以武力阻止古物南迁。周肇祥在1928年当过一个时期的古物陈列所所长，还曾做过湖南省的代理省长。周肇祥集合各方反对古物南迁者，成立了"北平市民保护古物协会"，而且被推为主席，他通电全国反对故宫古物南迁。

最后经过综合考虑，认为战火无情，一旦日军占领北平，故宫里面的国宝将面临巨大的损失，批准了故宫博物院古物南迁这一决定，同时指令北平市政府及交通运输部门积极协助故宫，完成古物南迁的庞大计划。

但是，北平出现了一个奇怪的现象，民间和某些利益团体反对古物南迁的声浪日渐高昂，行动更激烈，连恐吓手段都用上了。易培基当时拍出的一封电报中有这样的记载："于学忠转来各团体反对古物南迁函电，举座大哗。似此情形，倘地方政府不积极负保护之责，物品一经出宫门，即恐发生意外。至个人危险，早置之度外。手枪、炸弹、恐吓信件，日必数起。"

于学忠当时是平津卫戍总司令。反对古物南迁的人常有匿名信给易培基及其他故宫职工，警告不要押运古物南下。社会上也有谣传，说只要文物列车启运，就会有人在铁路沿线埋炸弹，把列车炸毁。

宋子文对此事异常愤怒，大敌当前，政府的命令竟然被无理取闹，他当即电告北平市长周大文，让他派出法警将周肇祥秘密逮捕，并命令故宫尽快组织文物南迁。

1933年2月5日夜晚，文物南迁工作开始了。易培基身披斗篷，在太和殿前指挥装车。为了让故宫这批国宝能够安全地从北平迁移至南京，张学良与易培基在碧云寺旁边的一所小别墅里，谈了一整天，最后敲定了文物转移的方案。

当晚，故宫至天安门、前门的长街上，都实行了戒严。可是消息还是走漏了，前门火车站被闻讯赶来抗议的学生团团围住。他们高喊着"誓与故宫文物共存亡""谁敢把国宝偷走就跟他拼命"的口号，不少人甚至冲进火车站里，卧在铁轨上。当时情况十分危急，一些士兵拉动了枪栓，双方发生了严重的对峙。幸好张学良及时出现，并以人格担保，只要战争的乌云从北平上空彻底消失，就将这批故宫文物再运回来。这样学生们才从铁轨上闪开。

2月6日凌晨，第一批南运古物2118箱顺利装上火车开启了南下征途。在易培基的督办下，至1933年5月，故宫博物院数十万件珍贵文物先后分四批运出北平。

你们这里"有猫腻"

就在第五批文物即将运出的时候，一个意外出现了。南京总检察厅检察长郑烈委派检察官朱树森带人到故宫查封了会计科，国宝南运戛然而止。

出现这个情况是因为有人控告易培基、李玄伯私占故宫宝物，朱树森奉检察长郑烈之命前来调查。就这样，国宝南运被迫停止。控告检举人就是张继的妻子崔振华。据说有一天，崔振华信步走进故宫博物院理事会，看见屋里有几个人在量布匹，其中就有故宫博物院秘书长李玄伯。她很生气："理事会出售绸缎，有特定的日子，今天不是出售的日子，你们为什么有特权在今天卖？"虽解释这是整理，而不是售卖，但崔振华不信："你们这里面一定有猫腻，我要调查。"

随后，这个女人就打着"正义"的旗号，歪曲事实，无中生有地策划了一起"倒卖故宫国宝案"。这次诬告和之后的审查整个改变了易培基的人生。他从此进入了人生的绝对低谷，直到去世也没有等来命运的转折。

众所周知，故宫文物南迁是一件大事，是经过批准的，故宫博物院准

备先后分五批将 13000 多箱古物运
往上海，以免落入日寇之手。作为
故宫博物院常务理事，张继也不遗
余力地监控故宫的诸项决策。

在这期间，博物院理事会通过
了两个提议：一个是 60000 元迁移
费预算案；另一个是张继提议的文
献馆由他主持迁往西安、迁移费三

已经封箱的故宫南迁文物

分之一归他支配的提议。宋子文否决了北平故宫文献馆单独分运西安的
计划，要求古物全部迁往上海租界。张继当即恼羞成怒，这次赴南京请
示是李玄伯秘书长亲往经办的，于是张继怀疑有人在搞鬼，因此对李玄
伯更加不满。

凭着张继的资历和多项职务，本应该一呼百应，却在故宫前途决策
上屡遭冷遇，甚至在下级面前丢了面子，失落的情绪致使他对故宫博物
院的实权人物易培基、李玄伯的不满与日俱增，以致恨之入骨，必欲除
之而后快。

他的老婆崔振华看出了张继的心事，她正好也憋着一肚子火，于是夫
妇俩就想方设法搞臭易培基。他们指使由张一手提拔起来的南京检察署署
长郑烈，多方串联、贿买人证，指控易、李私占故宫财物，他们诬告的一
个"证据"就是多年前一个旧事。

此事源自 1929 年春，为保证故宫文物经费来源，几位理事提出处理
一些无关文史物品的建议并拟定章则呈报。因为驱逐溥仪，接收清宫后，
故宫方面积压了大量的生活用品，给保管带来不便，如果能处理掉变现钱
也不是一件坏事。

南京很快批复了此事，根据批准需要成立临时监察委员会，全程监
督，避免腐败贪污。1931 年 6 月，故宫博物院聘请了平津各界人士成立
临时监察委员会，商讨处置故宫无关文史物品事宜。临时监察委员会本着

守护文物、对历史负责的态度提出了三大处理原则：

一是处理的物品必须与文史无关；

二是售出物品所得价款作故宫修建和印刷资用，不许别用；

三是处理上述物品的办法暂定投标、拍卖两种。

此后临时监委经常开会，在具体处分物品步骤上议定为先药材、次食品、再绸缎皮货。不过在绸缎作价的操作上，当时为了鼓励多销，还规定了优惠价，2000元以下的没有任何折扣，凡一次性购货2000元以上者七五折，3000元以上者七折。

所有事情的起因就是这些绸缎。当时，李玄伯首次买了两三百元的皮货，觉得不错；过了一段时间，他又买了2500多元的物品，这一批的东西就可以按照七五折的规定少花钱了。正当李玄伯准备付款时，有人建议他再添两三百元，连同首次的数目合算在一起，就可以超过3000元，那样的话打个七折多好啊。

财务部门的人没说这样不妥，李玄伯为了贪图小利，还真的这样做了。这么一来，他买走的物品就多了，里外共占了故宫600元的便宜。可是他不是一次性买3000元，却钻了个可以打七折的空子，结果授人以柄，成为他枉法营私的罪名之一。由此李玄伯成为易培基案的第二号被告。

整个人都不好了

张继夫妇和郑烈利用故宫售物事件，贿买人证企图指控易、李。不想行事不密反被易培基抓住收买人证的把柄，1933年10月18日，南京、北平等各报刊出故宫博物院院长易培基反诉崔振华、郑烈联合舞弊的呈文。该文长达5000余字，详述了事件的来龙去脉，列举证据说明崔、郑勾结陷害自己的行为，报纸同时刊印出旁证材料的照片两幅。这份呈文是针对同年5月崔振华控告易培基私占故宫古物的反诉；又呈文相关部门，请求郑烈回避关于此案的一切审理过程。眼看着易培基有反诉胜利的可能，他们怎么肯认输，张继发动一切力量为自己翻盘。

文人出身的易培基在这种场面哪是官场老手张继的对手，易的反诉非但没有在南京得到反应，相反，时隔不到一周，"北平故宫博物院院长易培基奉令去职"的消息已见诸报端，大造易培基被"革职"的舆论。与此同时，崔、郑一方面继续编造耸人听闻的"盗宝案"，一方面也意识到原来的起诉状只是些鸡毛蒜皮无足轻重的琐事，分量不够；欲彻底打垮对手必须将该案扩大为新的盗宝案，必须将案子转移到便于控制的南京地方法院办理，才能随心所欲地左右该案的审理。于是，他们在南京江宁地方法院提起公诉，法院给易培基发来传票。

对于崔郑的诬陷，易培基决心回击。他聘请了北平著名律师刘崇佑作辩护人。了解到起诉必须在1934年2月3日出庭，易培基本人若不在此前到案就意味着自动放弃起诉权。易本计划1月28日从北平动身，但是1月26日易的女婿李玄伯从南京打电话给易，告知一切都办妥，易不必南京出庭了。易便听信其言，2月3日便没有到庭，失去了说明真相的机会，也失去了民众对他的信心。自动放弃申辩在客观上给外界以心亏理屈的印象，各报纸均登载了易未出庭的消息。人们纷纷推测，看来易确有把柄，无颜以对法庭。李玄伯为何大包大揽，致使易培基未出庭导致败诉，估计他是受到了某些人的欺骗，天真地认为易培基不必出庭。

无奈之下，易培基采纳了李玄伯"以退为进"的建议，他于10月14日宣布辞职，以平民身份对郑烈等人提出反诉。可是，反诉如石沉大海，反倒激怒了郑烈，他公开下令通缉"案犯"。易培基只好逃入上海法租界避难。

郑烈不甘心就此罢手，于是派检察官莫宗友会同江宁地方法院到上海突击检查了故宫南迁文物，还自行邀请了两名珠宝商人帮助当场鉴定，逐箱打开文物，根据箱内清册一一核对，凡是伪品、脱落、数量少于登记册的，全部登记在案，都算作易培基等人的罪证。江宁地方法院检察官于1934年10月底正式提起公诉。起诉书开列的被告为易培基、李宗侗等9人，罪名为侵占、伪造、背售和妨害公务。宣称"易培基于民国十八年间充任故宫博物院院长，李宗侗充任该院秘书长，陆续将保管之珠宝部分盗取珍珠 1319 粒、宝石 526 颗，以假珠调换真珠者 9606 颗，以假宝石调换真宝石者 3251 颗，其余将原件内拆去珠宝配件者计 1496 处"。

由此，易案由处置老旧无文物价值的物品、购买折扣以及会计账目不符 600 元的鸡毛小案，瞬间演绎成利用文物南迁之际以假换真、监守自盗的大案要案，其涉及的财宝之贵重、数量之多令人咋舌。身任公职的故宫官员竟然如此目无国法简直难以想象，真该千刀万剐，公众舆论完全倒向不利于易的一边。易有心辩解已无申诉机会了，整个人都崩溃了。

剧情大逆转

对故宫装箱文物的检查历时 3 年，继检查珠宝后，又扩大范围检查了书画、铜器、玉佛等。于 1937 年 9 月对易培基等人第二次提起公诉。法院认为，清乾隆皇帝很有艺术品位和艺术修养，乾隆以前的宫廷古物大多已品定，见于有关古籍的记载，不应还有赝品；再经过清室善后委员会书画等方面的专家鉴定，更不会还有假冒伪作。出现 60 余箱有问题的文物，不是主管院长盗卖、更易，还能是什么原因呢？

这些说辞完全是强词夺理，众所周知，清末皇宫里的文物被太监和宫女偷盗、以假充真，拆分拿走、玩"狸猫换太子"把戏的情况十分严重，即便溥仪和婉容大婚的当天，典礼之后婉容头饰上的珍珠等物就立刻被调换成假货，可知皇宫盗宝有多嚣张。后来溥仪多次盗宝，导致大量文物流失和调换。到接收盘点皇宫文物时，也是一笔看似明白的账，参与接收盘点的人中饱私囊的事情谁敢说没有？出现伪品、脱落、数量少于登记册的不能就算在易培基身上。还有一个显而易见的事实，法院做的这几次检查，时间之长，又缺少监督，他们真的会尊重事实吗？他们如果合伙贪污，盗走文物，又有谁知道呢？

病卧沪上的易培基年迈体弱，新病旧病一起发作。这时他的财产大半已被没收，连诉讼费都难以筹措，精神上压抑难忍，心中积愤无处宣泄，终于在上海含恨离世，终年 57 岁。他在终前遗嘱中感叹："未能立时到案，唯有故宫一案，培基个人被诬事小，而所关于国内外之观听者匪细。仰恳特赐查明昭雪，则九幽衔感，曷有既极！"

易培基去世时相当凄凉，只留下一个老妻苦度余生。唯一的女儿因父亲和丈夫双双牵涉"盗宝案"，不得不长期逃亡外地。在殡仪馆成殓时，只有吴稚晖等两人帮忙料理，办得极为简易。更令人心酸的是，法院方面竟派人去灵堂调查看看易培基是否装死。

有人还在报纸上宣传说易培基逃到大连投降了日本人。听到这些消息，吴稚晖悲愤难抑，挥毫写下一副挽联：最毒悍妇心，沉冤纵雪公为死；误交卖友客，闲官相攘谋竟深。

李石曾认为"吴老的挽联，是最公正的判决书，有这一副挽联，易先生的冤屈已为表白了"。对此，追随易培基到故宫工作后又因盗宝案离开故宫的余盖曾说："这么大的冤案，其实故宫博物院内外知道真相的人很多，但却只有吴稚晖一人说公道话，余皆默不作声。之所以会这样，也说明故宫盗宝案的背景复杂。"

故宫博物院前任院长郑欣淼曾著有专文，在总结"故宫盗宝案"的起因及影响时，揭示了其间的一些深层原因。其在陈述了张继与李石曾、易培基的私人恩怨，汪精卫与李石曾、易培基的宿怨等因素后，又指出故宫盗宝案与当时中国教育界的派系之争也有关。

蔡元培和李石曾因北京大学名称的存废和设立北平大学的问题发生意见冲突……易培基秉承李石曾旨意，提出北京大学改名为中华大学，由蔡元培任校长，在蔡未到任之前，以李石曾署理。易的这一议案获得通过，从此教育界开始了蔡元培的派系（北大派）和李石曾的派系（中法派）的斗争，且持续了若干年……

因此当年就有人据此认为："国立北平大学的花开花谢，蔡、李两系之间，是否已有畛域？或为故宫盗宝案的胚胎！"李石曾致信说："今在旗帜之下，而反动者包揽两部，以司法机关为施行政治阴谋之工具，代欲包办教育者，倾倒其所谓之政敌。前寅兄（即易培基）于劳动大学被阴谋家倾倒，正如故宫博物院之事相同。"

当年的民报社会新闻版"刍言清议"载有署名"昌言"所撰《故宫古物案之索引》一文说："……于是企图夺此教育之牛耳者，势必借一轰动全国之事，转移信仰之心，踣易即所以射李也，崔振华、郑烈等，不过某派之工具也，然则故宫不过系一借题发挥之题目矣。"

然而，那么多知情者对此案皆取不予置喙态度，其背景的复杂看来似乎应该还不止旧官场的肮脏黑暗、教育界的派系之争。

易培基去世后，张氏夫妇仍不罢休。崔振华又指使南京地方法院检察官于 1937 年 9 月 30 日提起公诉，告易培基、李玄伯、吴景洲三人。诉状列举该三人的犯罪情形又有新发展，除以往的侵占，又加之"吞没"，还列出"侵占书画 594 号，古铜器 218 号，铜佛 101 尊，玉佛一尊；秘书处装箱南迁古物 12 号、图章 3 号；珠宝，前案业已起诉者外尚有二号统由鉴定人慎重鉴定，出具鉴定书"。此时，易案从 1928 年到 1937 年积非成是，而头号当事人已离世，二号被告李玄伯有把柄被人捏着，态度畏缩，不敢力争。

直到 1945 年抗战胜利，幸存的有关当事人以为有机会重审这个案子了。不料听闻本案的卷宗丢失一空，最高法院当初认为有盗换嫌疑而封存的那些古物，连箱子都也不见了，看来是有人故意偷走了所谓的"证据"。

1947 年冬天，国民党一面发动内战，一面召开伪国大，选举代表。张继四处奔走占得一席之位，不期突然暴病身亡。失去靠山的崔振华意识到，此事若再追究下去，真相一定会大白于天下，结局将对她不利。于是又串通法院搞了个赦免来掩盖强加于人的罪责，在报上不起眼的角落里刊登一则仅有两行小字的"易培基案不予受理"的消息，掩盖这十几年散布的一切不实之词，以免自己成为众矢之的。就这样，这个沸沸扬扬长达 13 年的盗宝案，以耸人听闻开始，却以莫名其妙的方式悄然无息地不了了之。

1949 年，新中国成立后，中央人民政府接收了故宫博物院。本着对历史和当事人负责的态度，中央人民政府组织专案组对有关知情者、所谓的"人证"调查核实，这场"莫须有"的冤案真相才终于大白。

这场震惊全国的"故宫国宝盗窃案"竟然是一场彻头彻尾的闹剧，而此时一代文物大师、故宫博物院的第一任院长易培基却早已神魂俱灭。易培基终于洗雪了耻辱，迎来了清白。故宫，在新中国政府的管理下，焕发出勃勃生机。作为故宫博物院首任院长，易培基也应该含笑九泉了。

哪儿来的飞贼

1958 年 7 月 1 日，经过重新整理和布展的故宫，再次对社会开放，普通民众花上几角钱就能亲身走进昔日神秘的皇家宫殿，感受昔日皇族的生活。

历史上故宫第一次对外开放还是在 1914 年，因为当时清逊帝溥仪还住在内宫里，所以开放范围很小，仅限于外朝区，而且票价昂贵，参观的人很少。溥仪被逐出皇宫后，故宫归国家所有，成立了故宫博物院，1925 年 10 月 10 日，故宫走下神坛，正式对外开放。后因战争，故宫闭馆谢客。直到新中国成立后，故宫才真正回到人民的怀抱。

故宫博物院

尽管人民喜爱故宫，守护故宫，可是新中国成立后，北京警方有记载的故宫盗宝案还是有发生，前后一共发生了7起盗案，分别是在1959年、1962年、1980年（两起）、1987年、1991年、2011年。以下我们逐一详述历次盗案。

故宫对外开放的陈列主要为两大体系：一是以故宫宫殿建筑为主体的宫廷史迹陈列；一是以故宫藏品为主的历代艺术品的专馆陈列。盗贼们盯上的就是故宫的藏品，特别是位于故宫博物院东部的珍宝馆养性殿内的无价国宝，故宫"盗宝飞贼"无一例外是在养性殿伸出魔爪的。

1959年8月16日清晨，下了几天雨的北京放晴了。老管理员田义和早早就起来了，嘴里哼着革命歌曲，手里拿着一大串钥匙。他先把故宫的前门和后门打开，再把各个展馆的门打开，最后他迈着轻松的脚步走进了珍宝馆。珍宝馆是故宫的常设展馆，里边分为四个展室：皇极殿庑房、养性殿、乐寿堂和颐和轩，分别陈列着故宫所藏珍贵文物。田义和按照顺序打开皇极殿庑房后，就去开养性殿的门，还没上台阶，他突然感到有点儿不对劲儿，定睛一看，不得了！养性殿第三扇门靠近地面的一块大玻璃碎了！田义和当即不敢走近前了，叫来同事汪连禄和老杨，让他俩好生站在台阶下看着，然后慌忙往保卫科方向跑去。保卫科马上报了北京市公安局。

碎玻璃处显然是盗贼进出的路，侦查员在玻璃碴上提取到一小块盗贼留下的皮肉。1号柜的玻璃被打碎，陈列的14页金册中的8页和5柄玉雕花把的金鞘匕首不翼而飞了。

丢失的金册是做什么的？原来康熙皇帝生母早丧，他一直将顺治帝的皇后孝惠章视为母亲，这是为了尊奉她老人家徽号而专门打造的"证书"，纯金的，每页长23.15厘米、宽9.8厘米、厚0.13厘米，重20两，上面铸有满、汉文字，四角各有一联结用的小金环。这种皇家金册，不仅材质为纯金，镌刻工艺精湛，由于是重大历史事件永难磨灭的记录，其文物档案的价值更是无法估量。玉雕花把金鞘匕首的刀把镶嵌有玉石，刀鞘包裹有黄金。选料上乘，工艺精湛，是顺治帝和乾隆帝使用过的珍品，也是无价之宝。

侦查员在室内提取了细花纹鞋印和血迹，在 1 号柜上提取了掌纹和指纹。侦查员又仔细寻找贼进出珍宝馆的路径，发现养性殿南门台阶旁边的墙内侧有明显的蹬蹭痕迹，养性门上的锁被撬开，侦查员在养性门的门楼上提取下一枚完整的手掌纹痕迹。

金册

8 页金册、5 把宝刀被盗，在皇宫盗案史上也属罕见。中央首长下令，这起新中国成立后北京发生的最大的盗窃案件非破不可！

北京市公安局紧急部署侦破工作，并成立了专案组，向全市通报了案情，全市安全保卫部门和基层群众组织都行动起来，进行反复调查摸底。

专案组的案情研究会上，大家讨论后初步认为，盗贼可能是 8 月 15 日晚翻墙进入养性殿院内，作案后离开的。但是，故宫壁垒森严，外有护城河，内有 10 米高的围墙，还有相当强的保卫队伍值守，那个贼是怎么进来的呢？

侦查员还分析，故宫内部工作人员监守自盗的可能性不大，如果是内部人员干的，完全可以不露声色地悄悄干，没必要打碎玻璃，又弄破了皮肉，还留下许多指纹足迹等。对珍宝馆工作人员的调查结果，坚定了专案组的分析和推测，他们把侦查范围划定在外贼作案上。

与此同时，北京市公安局报请公安部通报全国，要求各兄弟省市公安厅、局协助破案。同时，专案组派出侦查员前往 37 个省市的公安厅、局，与当地公安机关协调并共同开展工作。

不作死就不会死

近邻北京的天津是第一个接到北京市公安局发出的协查通报的，接着，又收到了公安部的通报。天津市公安局马上拟定了《关于部署查破北京故宫珍宝馆被盗案的通知》，发到各业务部门，通知要求加强车站港口、外贸、银行及珠宝行业的控制，防止外流及熔化变卖，一旦发现线索及时电报市公安局。可是，这起故宫盗案一直没有线索，侦查工作陷入僵局。

1959 年 11 月 11 日下午，一列由上海开往北京的特快列车正在检票。列车员发现，有两个农民装束的年轻人躲在座位下面，逃避查票，于是将他俩拽出来。

"你俩的车票呢？拿出来我验一下。"列车员说。

两人边摇头边回答："没有，俺没买。"

列车员什么也没说，在列车停靠天津站时，列车员把他俩直接移交给车站。火车站的一个民警审问了他俩。

玉雕花把金鞘匕首

"俺叫武庆辉，20 岁，山东寿光北洛公社北孙云子村的；他是俺本家弟弟，叫武良玉，一个村儿的。"

"你们为什么不买票？"民警问。

"身上没钱，扒火车来的。我们下次不敢了。"武庆辉回答。

"没钱？把兜里的东西都掏出来。"民警似乎不相信武庆辉的话。

武庆辉一听民警说让自己掏兜里的东西，紧张了一下，下意识地用手去捂自己的口袋。

"把兜里的东西掏出来吧，什么宝贝见不得人呀？"民警说。

武庆辉更紧张了。

民警站起来，走到武庆辉身边："掏吧！"

武庆辉没办法，只好慢吞吞地掏出兜里的东西，竟然有几十元钱。

"这不是钱吗？有钱为什么不买票！你这是资产阶级思想，只想着占劳动人民的好处，一点也不想回报人民。"

武庆辉躲躲闪闪，不回答。民警觉得可疑，追问了一句："这么多钱，不会是偷来的吧！"

武庆辉更加慌张了，民警命令他把身上的东西都拿出来。最后，在武庆辉的棉袄里面，民警发现一个鼓鼓囊囊的暗兜。

当武庆辉脏兮兮的手把里面的东西拿出来放在民警面前时，黄灿灿的，民警没见过，拿起来细看，倒吸了一口冷气，黄金！碎黄金上边还有字！一共有9块碎金块，此外还有三四百元现金。这就是武庆辉的阴暗心理所在，如果他舍得花钱买车票，就不会被抓。可是，也正是他这样的投机心理，导致他自投罗网。

黄金是哪儿来的？民警马上问武庆辉。民警心里明白，这个盲流不简单，有大文章。"是祖传的，俺爹给俺留下的，俺爹去年三月去世了，临死前，他叫俺到他跟前，说俺家西屋门口埋着一个罐子，罐子里有黄金。俺爹不让俺告诉别人，俺哥俺嫂也不让告诉。俺爹死了后，俺把罐子挖出来，拿了一点儿黄金，剩下的又埋了回去。"武庆辉说。

第二天，北京市公安局接到天津市公安局的电话，立即派刑侦技术科的技术员带着从珍宝馆提取的指纹足迹赶去天津，经过比对，珍宝馆文物被盗现场的指纹就是武庆辉留下的，碎金子也正是故宫被盗金册的残片。

天津市公安局的民警赶往山东寿光北洛公社北孙云子村武庆辉的家。在武庆辉家的耳房地面下，挖出来一个木箱子，打开一看，里面躺着5页金册和5把宝刀。在大量证据面前，武庆辉只好交代了自己的作案过程。

清皇室文物金册

公厕里的身影

　　1959 年 7 月的一天，武庆辉跑到北京看望姐姐。他认为姐姐命好，嫁给一个军人，随着丈夫住在北京永定门外西河沿。到了北京之后，他疯狂地喜欢上了这里，每天他都在北京街头漫步，享受在农村永远都不会有的感觉。

　　有一天，他的姐姐给了他一元钱，这可是一个天文数字了。那一天，武庆辉就来到了故宫附近。他先是到了北海和景山公园，然后买票进了故宫。转了几个大殿后，他花一毛钱买了一张珍宝馆的门票，进去观看。

　　武庆辉从没见过金银珍宝，这是第一次，而且那么多，看得武庆辉的眼睛直放光，心想，要是能把珍宝馆里的宝贝弄出来些，不就能换钱了吗？换好多好多的钱，那时候，就不用为钱发愁了。

　　主意打好后，8 月 15 日下午，他又向姐姐要了五毛钱，把姐姐家的一把钳子装进一个花书包里出了门。他看到珍宝馆那些宝贝就放在玻璃柜里，只要用钳子一砸，就能拿到手。他也想好了，那些大件的玉器什么的不好拿，将来也不好卖，拿就拿金板和镶宝石的刀子，好往外带，将来也好卖。

　　由于担心引起警卫人员的注意，武庆辉先是在别的大殿里转悠，下午 4 点左右，他进了珍宝馆的南门，仔细查看了地形后，发现夹道里的一个公厕很不起眼。武庆辉大喜，于是钻了进去，顾不得臭味，就藏在厕所里的蹲坑里，等珍宝馆关门后再出来。

　　武庆辉在厕所里提心吊胆地藏了三个多小时，等天渐渐黑下来，他听见工作人员都走了，才蹑手蹑脚地出了厕所。他拿来几块木板，支在墙下，顺利上了墙头，跳进了养性殿的院里。踢碎了门上的一块玻璃后，赶快躲到东边的大柱子后边观察。

　　等了一会儿，没有任何动静，就像狗一样从门下角的破洞里爬进了养性殿。因为兴奋，左脚腕被门框上残留的碎玻璃割下一块皮也没觉得疼。黑暗中，他摸到展柜前，用钳子砸碎玻璃，拿了 8 页金册和 5 把宝刀，装进包里。本来还想再偷些金册，可是他似乎听到外面有说话声，便悄悄爬出房间，按原路出了养性殿。他轻便地翻过养性殿的门，离开了养性殿院子，往南到了宁寿宫。宁寿宫当时正在修缮，他攀着宁寿门东侧搭着的脚手架上了围墙，在围墙上爬来爬去，寻找出路。最后，他看到一个合适的架子，顺着这个架子他溜到了围墙外面，一路小跑回到家里。

武庆辉回到家已经半夜12点了，他的姐姐已经睡下了。武庆辉开门的声响惊动了他的姐姐，她赶忙去开门，弟弟满头大汗地走进来。在姐姐的追问下，武庆辉拿出了偷盗的文物。姐姐惊呆了，她真的不知道该怎么面对接下来的事情。武庆辉说："姐姐，咱家多少辈子都是穷人，有了这些东西以后的日子就好过了。这些东西没法送回去了，我不想进监狱。"

姐姐听了弟弟的陈述后，既可怜他，又心疼他，一时间忘记了法律，她说："不送回去也行，你快把它给我拿走！坐火车回老家去吧，北京不能待了，以后别再来了！"姐姐赶快帮弟弟收拾东西。

"姐，你留两块。"武庆辉说着，随手递给姐姐两个金册。

姐姐不敢接，但也没拒绝。武庆辉就把两个金册放在姐姐的床上。

第二天，姐姐打电话叫来值夜班的丈夫，让丈夫亲自送弟弟到北京火车站，上了火车。

北京火车站

村里的"土豪"

坐在火车上的武庆辉心花怒放，他的手在军用挎包里不断地抚摸着金册和镶着宝石的匕首，如果这些都卖出去他就有钱了。回到老家，武庆辉老老实实在家猫了半个月，他想喝酒吃肉，想穿新衣服，想买自行车和手表，可是他不敢拿出去变卖。

终于有一天，武庆辉忍不住了，拿出一个金册，用大剪刀一点点剪碎。不一会儿，炕上就散落着 20 多块金片片。他不敢在本县卖，就骑着借来的自行车来到临近的益都县人民银行卖了 3 块。银行职工虽然接到了公安局的通告，但是看到武庆辉拿来的是散碎的金块，就没在意。当银行员工把 116 块钱递给武庆辉时，武庆辉的心里乐开了花，一点儿碎金子就换了 100 多块！这不发财了吗？回去后，他又带了一些金片片去了潍坊市人民银行，同样也成功了。这次银行员工把厚厚的一沓钱送到他手上，让他当场数一数，他数了半天也没数清。厚厚的一摞钱几乎装满了整个军用挎包，回到家后，他又数了好几遍才数清，竟然有 879 块！

武庆辉觉得自己从穷光蛋变成财主了，他去镇上的供销社里给自己买了衣服，鞋子，还买了很多好吃的，当他抱着一个宝石牌半导体收音机回家时，整个村子里的人都看傻眼了。武庆辉很慷慨地给了哥哥 100 块，还给姐姐寄了一些去。那段日子里，武庆辉走到哪都有一大群跟屁虫，跟着他混吃混喝。

宝石牌半导体

以前没钱的时候，武庆辉就不愿意在家当农民，有了钱，他更不甘心在家受苦受累了。他想出去看看，找个合适生活的地方，然后把盗来的东西换成钱，以后就在新地方安家。两个月后，他认为风平浪静了，就动员本家弟弟武良玉一起到新疆去找工作。他之所以想到新疆去，是怕北京警察不罢休，万一破了案，到山东抓他就糟了，躲到遥远的新疆去，警察就找不到他了。

想到一旦去了新疆，就不能轻易回老家了，见北京的姐姐也不容易了，于是，他决定去新疆之前再去看看姐姐，顺便打听一下北京有什么动静。走之前，他把剩下的赃物埋在了地下，只随身带着零碎的金块和一些钱。不料想在天津被抓住了，可谓天网恢恢，疏而不漏。

1960 年 3 月的一天，北京市中级人民法院当庭宣读对武庆辉的判决书：武庆辉思想腐化，厌恶农业劳动，盲目流入城市，盗窃国家珍宝，并剪毁变卖，任意挥霍，给国家造成严重损失，性质异常恶劣，罪行极为严重。以盗窃国宝罪，判处无期徒刑，剥夺政治权利终身。武庆辉的姐姐也因为不检举弟弟的罪行，反而图财分赃，资助弟弟逃跑，以窝赃罪判处有期徒刑 15 年。

这个贼很贪婪

武庆辉成了新中国成立后第一个侵犯故宫而身陷囹圄的人，但是，严厉的刑罚并没有阻止贪婪者的恶念，仅过了 3 年，就又有人重蹈覆辙，深夜潜入故宫盗宝。但是，这个步后尘者没能走出故宫的大院，有惊无险的捉贼往事至今还是故宫里流传的经典笑话。

1962 年 4 月 16 日夜，也是珍宝馆的养性殿，也是武庆辉盗窃的同一展室，还是那扇门，又钻进去了一个盗宝贼，叫孙国范，他是故宫盗贼中年龄最大的，36 岁。

那一夜，孙国范先是藏在珍宝馆大门外厕所后边的阴暗夹道里，天黑无人后，他蹬着珍宝馆墙下的脚手架，翻进了珍宝馆院子。他的目标依旧是养性殿，打碎门上的玻璃后，他进入房间，再打碎展柜的玻璃，拿出了金碟金碗。孙国范本来要出去了，可是他看到了两个硕大的金子就挪不开脚了。孙国范撬开了一个展柜，把里边的两颗大金印也装进了背包，背在身上，原路返回。

养性殿　　　　　　　　　　养性殿东侧小门

孙国范美滋滋地钻出养性殿大门，翻墙的时候，他才发现背包太重了，使得他矫健的身手也不那么灵便了。但是，贪婪代替了一切，他认为有了这些金子，自己从此就不用再四处作案了，他可以找个安全的地方过"幸福"的生活了。孙国范用尽全身力气往墙上爬去。他做梦也没想到，此刻，故宫已经被封锁了，200多名民警和武警正等着他从高墙上爬出来呢。

孙国范自以为经验老到，行踪诡秘，做的事神不知鬼不觉，其实，他一进入养性殿，警报器就把消息报告给了故宫保卫处值班室，保卫处一面派人跟踪搜索，一面向派出所、公安局及警卫部队报了警。

原来，武庆辉盗宝大案被披露以后，举国上下极为震惊，故宫博物院有旧日皇宫的护城河，墙高院深，又配置有相当强的保卫力量，却让一个刚刚涉世的小混蛋携宝成功脱逃。保卫部门羞愧难当，公安机关压力也很大，当时博物馆保护藏品的重要手段是人防加物防，存在时空监控上的不足。公安部门有关领导在讨论这个专题的时候说：这个案子教训太深刻了！这是人民警察的耻辱，必须亡羊补牢！那么大一个皇宫，光靠人工防守不行，老虎还有打盹的时候，应该立即着手研究报警仪器，补充人防和物防的不足。

于是，公安科技部门夜以继日地开始研制中国自己的报警设备。很快，中国第一台声控报警器在童光耀工程师的主持下研制成功，于1960年1月巧妙地安装在北京故宫博物院珍宝馆内，珍宝馆里的宝物有了不吃不喝、全天候的守护者。孙国范成为声控报警器这个"电子警察"的第一个猎物。

孙国范骑上了墙头，急切地寻找合适的地方下去，猛然觉得墙外边和

国宝劫影：盗案之谜

刚才进来的时候不一样了，好多人影晃来晃去的。他有点儿不相信自己的眼睛，仔细看，真是人影！他的冷汗一下子冒了出来，莫不是天降神兵？他立即像乌龟一样缩回头，身子像壁虎一样贴在墙头上慢慢往前爬。可是，爬着爬着，他觉得身上的背包越来越沉了，没办法，还是保命要紧，他赶紧把背包里最沉的两个大金疙瘩拿出来扔下高墙。又爬了一会儿，他乘机跳到一个房顶上溜走。

孙国范虽然逃离了珍宝馆，但是围墙下边到处是人影，他不敢下去，一直在光滑的琉璃瓦上爬行。尽管走南闯北见的世面多了，但此时孙国范的胆快吓破了，自己就像是被困在阁楼上一般，楼阁下边满是人，每个人的手里都拿着强光手电，往墙头上照着，跳下去就意味着死，可不跳下去就得被抓。

尽管把最沉的两个金疙瘩扔了，但他还是觉得背包沉，有心把背包扔了，又心疼里边的好东西，万一能跑出去呢？怎么也得给自己留两件吧。于是，他又掏出两件东西丢在房顶。

孙国范躲闪着手电光，哆哆嗦嗦地爬着，爬到珍宝馆南的绘画馆西南角的围墙上时，一束强光晃得他睁不开眼，接着，墙下有人大喊：

"不许动！动就开枪了！"

孙国范不敢动了。墙下一阵脚步声，无数束强光手电把骑在墙头上的孙国范照得清清楚楚。

"举起手来！"

孙国范举起了手。有人攀着梯子上来，把孙国范揪了下去。故宫工作人员清点孙国范身上背包里的赃物，见有1个金酒杯，4个金碗。侦查人员随后又在房顶上找到2个金手炉盖，在珍宝馆的墙下找到两枚金印。一枚为"皇后之宝"巨印，重37斤，另一枚为"广运之宝"大印，重7斤5两。所有被盗的文物都被一一找到。看着孙国范的狼狈相，故宫工作人员把孙国范盗窃的全部珍宝放在秤上称，竟然有48斤重！

真是要钱不要命，贪心不足蛇吞象啊！不要说从故宫逃离，就是没人追捕背着这个重量的东西从故宫走出去也很耗体力的。

你这么样家里人知道吗

保卫人员抓孙国范的时候很容易，几乎没费什么力气，可是审他的时候可就难了，这个家伙从一开始就一句实话都没有。

预审员问他姓甚名谁。孙国范回答："俺叫张振昌，30岁，是山东济南人，会修自行车，不想在工厂当临时工了，就从山东跑出来了，头两年在兰州、郑州和济南倒腾旧衣服卖。"

预审员问："是吗？兰州的百货商场大门往哪儿开呀？你在工厂做工的时候谁是证明人呀？一个月挣多少钱呀？"

孙国范翻着眼睛答不上来："谁还记得那些！怎么着吧？皇宫里的大印我都偷出来了，问那些干啥？枪毙俺得了！"孙国范上来了混劲儿。

预审员说："那么重的大印都敢偷，姓甚名谁还怕别人知道？我看你是怕被翻老底吧！"

孙国范说："得了，俺说了吧！俺是山东桓台县锁镇公社徐家村人，叫徐学达，家里有老婆和三个孩子，今年4月背70斤地瓜干到天津，想卖了换点棉花，人家说俺私自卖东西违法，把地瓜干给没收了，俺就上了北京偷皇宫来了。"

预审员立即挂长途电话给山东桓台县公安局，请求帮助调查。桓台县公安局回电话说，徐家村有个叫徐学达的，一米八的个子，30多岁，今年4月离家出去了，不知道去了哪里。不用说，这个名字一定是孙国范在与陌生人徐学达聊天的时候得来的。

就在孙国范东扯西扯时，指纹的鉴定结果出来了。孙国范的指纹与公安部通报的两起大盗案现场遗留的指纹是一致的。那两起大盗案一是1957年7月甘肃兰州被盗的价值万元的56只手表案；一起是1959年9月河南郑州被盗的6770元现金案。看来，孙国范和武庆辉不一样，武庆辉是不知天高地厚的初犯，而这个孙国范可是一个江洋大盗了。

有了指纹作证，孙国范还要花招，说："我不叫徐学达，叫徐学蓉，老家是山东桓台县锁镇公社徐家村的，可是生父徐文易是西安的，我是生父徐文易和济南一个女人的私生子。我生下后，生父就跑了，生母临死的时候，把我送给济南一个叫张静斋的人……"

整修中的养性殿

没等孙国范说完，预审员打断了他的话："编！编好啊！别编散花了！你根本不是徐文易的儿子，也不是张静斋的养子，这可是第16次审讯了，瞎话你还打算编到什么时候？你真的打算用个假名字去挨枪子？难道你一点也考虑你的家人还在等你回去吗？"

孙国范低头不语。过了好一会儿，他向预审员要了一根烟抽，抽完了，把烟蒂往地上一摔："我算是服了你们几位了！以前我走南闯北的偷东西，给抓着七回了，从没说过一句实话，最后都给放了，这回，我看也过不去了，干脆亮底儿吧！我真名叫孙国范，河南舞阳县……"

孙国范，外号孙黑子，河南舞阳县孙庄村人，是一个流窜惯犯。1949 年，他带着枪从国民党军队开了小差，抢劫一家典当行的时候，本来不想杀老板，一看老板是熟人，怕以后告发他，于是开枪打死了老板，被当地公安局逮捕，关进了大狱。大狱看管不严，他逃跑了，从此不断改名换姓，流窜于漯河、开封、武汉、济南、徐州等地，以盗为生。越偷胃口越大，最后偷到了故宫，也偷到了尽头。

1962 年 12 月，孙国范被判处死刑，很快被执行，成为新中国成立后故宫盗宝案中第一个被枪决的罪犯。

有贼胆就是任性

到了 20 世纪 80 年代初，"要想富，挖古墓"的犯罪动机开始抬头，引发了一系列国家文物被盗案，其中发生在北京的，以故宫"珍妃之印"

被盗案影响最大。

1980年2月1日上午，在观览故宫胜景的人群里，混进来一个居心叵测的家伙，他就是25岁的陈银华。陈银华对北京并不陌生，1979年3月，他在原籍湖北应山县西花商店偷了2700元现金，带着赃款来了北京。原想能在北京躲藏，没想到还不到一个月就被北京警方给抓住了。原籍警察把他押了回去，判了4年刑，送到湖北沙洋农场三场16中队劳改。半年后，他逃了出来，又一路偷到了武汉，然后买了一张到北京的车票。

2月1日清晨，陈银华从北京火车站下了车就到售票窗口购买了返程票，然后直奔故宫。陈银华是到故宫来寻找盗窃目标的，他知道越狱潜逃犯是没办法躲藏的，他决心到香港去。到香港去就需要钱，于是他想到了故宫里的那些值钱的国宝，偷些国宝偷渡到香港去，就不愁以后的日子了。

别的游客都在欣赏珍品，陈银华贼眉鼠眼地专看哪些展品好偷、好带。他随着游客进了珍宝馆，养性殿展柜里的那枚硕大的"珍妃之印"让他垂涎欲滴。"珍妃之印"摆放在高贵的金丝楠木做的展柜里，说明文字上的"金质"二字牢牢吸引着他的眼球。金质和金子不是一回事，可叹这陈银华哪懂这些门道。

选定了目标之后，陈银华便暗地观察进出的道路，然后离开了珍宝馆。他马不停蹄地去了王府井百货大楼，买了一把改锥，又买了绳子。珍宝馆的墙太高，攀爬得用绳子，他以前在老家时曾当过电工，登高爬墙，特别是爬电线杆子是非常拿手的。

珍妃之印

陈银华背着背包返回故宫的时候，已经是下午 3 点多钟了。他假装游览，在珍宝馆附近转悠。珍宝馆里的游人越来越少，工作人员开始做闭馆前的卫生打扫了。他溜进了事先看好了的珍宝馆门外东南的厕所里。他不知道，这个厕所可是前两次盗窃故宫的"前辈"（武庆辉和孙国范）所藏身的地方。这个厕所不大，弯月形，后窗户外是一个一平方米多的小天井，原来这个后窗没有铁丝网，自从武庆辉和孙国范"光临"后，故宫在后窗户加了一层铁丝网。陈银华踏着铁丝网上了厕所的房顶，蜷缩在那里等着珍宝馆的工作人员下班。深冬的北京城，气温很低，陈银华完全忘记了寒冷，他在坚忍，在等待时机。为了不被冻僵腿脚，他不时地绷紧、放松双腿，调整状态……

晚上 10 时，珍宝馆里终于静下来，空荡荡的故宫里，只剩下风的声音了。陈银华爬起来，脱掉大衣扔在房顶上，从厕所房顶敏捷地爬到珍宝馆院墙，跳进了院内。

珍宝馆院子东北侧的畅音阁三层大戏台正在维修，搭着脚手架。陈银华蹲在地上四下看了看，没人。于是，他上了脚手架，沿脚手架爬上了寻沿书屋，寻沿书屋是乾隆退位后读书的书房。陈银华从寻沿书屋登上了养性殿东墙，跳进养性殿。有经验的陈银华很会自我保护，动手盗窃前，他拿出一副手套，因为公安局早就有了他的指纹案底。他掏出背包里的改锥，费了好大力气，才撬开一扇窗户，钻了进去，就来到"珍妃之印"的展柜前。

电工出身的陈银华熟练地使用着改锥，三下五除二就撬开了金丝楠木展柜，几秒钟后，"珍妃之印"就被装进了他随手携带的背包里。比起他的两个"前辈"——武庆辉和孙国范来，陈银华还不

珍妃照片

算太"贪婪"，他只拿了一枚金印，可只这一枚印就重达 13.6 斤。

陈银华不敢久留，原路返回。他刚爬上了寻沿书屋的屋顶，就听见远处传来急促的脚步声。脚步声夹杂着人声："快点！别让他跑了！"

陈银华心里一惊，第一个反应就是"完了"。他连忙加快速度，奔着城墙跑去。他还纳闷，自己那么小心，怎么会惊动保卫人员呢？

原来，陈银华撬开养性殿的窗户时，受到震动，珍宝馆警卫值班室里的声控报警器就尖厉地鸣叫起来，同时，报警提示图上的"珍宝馆1号室"红灯急促地闪烁。值班员小李和老孙意识到有情况，提起报话器直奔珍宝馆北门。到了珍宝馆北门，他俩顺着珍宝馆的南北夹道搜索着到了养性殿，发现陈银华丢在院南墙下的那把改锥，接着就看见被撬坏了的窗户，两人意识到，有贼来过了，赶快进屋察看，珍妃印展柜里只剩下一个座托。他们立刻通过报话器向值班领导报警，警情又被迅速报给公安局。

"狮子吼"

北京市公安局东城公安分局接到报告后，立即报告给市公安局，市局紧急调了 300 余名值班干警飞速赶到故宫。市公安局领导和故宫保卫人员成立了临时指挥部，现场搜索认为，窃贼还没来得及逃出故宫，于是组织力量层层包围，搜捕捉拿。午门外驻扎的警卫战士、故宫消防队队员等也都投入进来。

为了防止搜捕人员交叉，出现混乱局面，临时指挥部紧急做出决定：有近战经验的刑警负责中心区，也就是珍宝馆内的搜索任务，其余人员在外围层层搜索，并派了一些人在视野开阔的紫禁城大墙上瞭望。临时指挥部断定，贼要逃跑最后只能上墙，上了墙就有了目标。

陈银华好不容易摆脱了小李和老孙的搜索，费尽力气登上了紫禁城大墙，可惜他遇到了东城分局的一个女民警。女民警站在高处，她一眼就看见锡庆门的墙上有一个黑影在蠕动，这个女警的肺活量很大，她深呼吸一口，一声"狮子吼"："他在墙上！"

女人特有的高分贝、凌厉的喊声犹如惊雷一般，吓得四肢着地正往锡庆门爬的陈银华险些跌下墙头，他以为追兵就在身边，站起来往西窜去。

陈银华一站起来，目标就更大了，正在珍宝馆搜索的刑警都看见了他。于是，四面八方都传来震慑的喊声，陈银华只恨爹妈少生了两条腿，他撒腿狂奔，惊恐中，左脚上的球鞋甩飞了，他只好甩掉另一只鞋，赤脚奔跑。最后他觉得跑不动了，又忍痛摘下背上的背包，扔了出去，猛跑了一阵，咬牙一蹿，跳到了南三所的房顶。

南三所原来是皇子居住的地方，也称"阿哥所"，是一座红墙绿瓦的宫殿。顾名思义，南三所共有三所宅院，都是前后三进，形制一模一样，加起来共有200多间房子。传说当年珍妃就被幽禁在南三所的一个小屋里。

阿哥所

当陈银华站起来在墙头上逃窜的时候，刑警小范也翻身上墙，紧追陈银华而去。他见陈银华往下一跳，落到了南三所的房顶，他脑子一转，没有跟着陈银华跳下去，而是继续留在高墙上，因为他推想陈银华会从南三所的房顶跨到房屋旁的矮墙上，然后跳进南三所院子，南三所院大，房屋多，容易藏身。

赤着脚的陈银华果然就从南三所的房顶跨到房屋旁的矮墙上，而那矮墙就在刑警小范的脚下。陈银华在那矮墙上爬行，寻找跳下院子的位置，高墙和矮墙其实也就相差两米左右，他只顾着逃跑，没看不见头顶高墙上还有小范正紧跟着他。

浑然不觉的陈银华立起了身子，做好了往南三所院子里跳的准备，居高临下的刑警小范揭下脚下一片又大又重的琉璃瓦，大喊一声："别动！站住别动！再动我就不客气了！"

陈银华哪里肯听，一躬身就要跳，小范手一抖，琉璃瓦飞了出去。陈银华只觉得一阵风声，脑袋受到剧烈震荡，应声摔进大墙与矮墙间的夹道里。

不一会儿，手电光把倒在碎砖瓦上的陈银华照得睁不开眼睛，他被刑警像提小鸡子一样提了起来。盗窃国宝的事实无法抵赖，陈银华于当年8月12日被判处无期徒刑，成为因盗窃故宫珍宝锒铛入狱的第三人。

完好无损的珍妃印重又回到自己的展位上。据专家介绍，故宫博物院珍宝馆内陈列的"珍妃之印"是"镀金银印"，而不是纯金印。经历了这次盗案，故宫方面又加强了安保工作。

白日追逐

可是，"珍妃之印"的传奇并没结束，1980年8月，另一位游客韩吉林又潜进了故宫，他的目标依然是"珍妃之印"。

韩吉林，自幼就小偷小摸，14岁的时候，韩吉林和几个哥儿们偷了县副食店仓库价值上千块钱的烟酒，被送去少管。重新回到社会上后，韩吉林老实了一段时间，到处干临时工，后来在县城服装市场设了个摊位，经营一些日用小商品，也卖一些衣物。积攒了些钱后，他娶妻生子，像个正经人的样子过日子了。

有一天，韩吉林看纪录片电影，在电影屏幕上看见了故宫琳琅满目的展品，他蛰伏的贼心又蠢蠢欲动了，"要是俺去弄块金子回来，就不用整天摆摊了。"说去就去。韩吉林喝光了一瓶高粱红，也没和妻子打招呼，背上一个包，带上一把匕首匆匆登上去往北京的火车。他以为到故宫去偷一块金子就如同探囊取物，费不了什么事儿，没想到此行竟是去送死。

韩吉林把珍宝馆养性殿里里外外看了个够，唯独相中了"珍妃之印"。他认为那是块实心金疙瘩，拿回家能打不少金镏子，老婆肯定喜欢。他假装在养性殿与畅音阁之间参观，趁院里的工作人员不注意，他身手麻利地翻墙进了一个小夹道，然后七拐八拐，到了珍宝馆边上一个不对外开放的院子里。院子里杂草丛生，阴风习习，显然长时间无人来了。他找了一个背阴的地方躺下等天黑，一会儿竟睡着了。

睡梦中，他控制着自己不打呼噜。所以他一直没睡实。也不知道什么时候，关门声和锁门声把梦中的韩吉林惊醒了，他一骨碌爬起来，摸了摸身上的包，工具都在里边。他没耐心等到天黑再动手，早点干完就可以赶早一些的火车回家了，于是他就行动了。他翻出院墙，理直气壮地走向养性殿，弯腰抄起养性殿门外一块大倚门石就砸向了养性殿的玻璃门。

被盗两次的"珍妃之印"

"咣当"一声，一块大玻璃碎了，他侧身钻了进去，直奔"珍妃之印"而去。突然，东面墙上发出"滴滴"的报警声。他歪头看了看，知道是报警器，这还能难住人吗？他冲上去两下就把报警器的连接线弄断了。可是，西面墙上又发出"滴滴"的报警声。他不耐烦地走过去拽断连接线。然后走向"珍妃之印"展台，刚想用脚踹碎展台的玻璃，忽听远处传来脚步声和呐喊声，听声音好像人还挺多。他一惊，顾不得金疙瘩了，慌忙从原路钻出了养性殿，在一片"站住"的喊声中，他蹿上了养性殿与乾隆花园之间的墙头。惊慌中，准备用来行凶的匕首也掉了，包也丢了。

韩吉林爬上养性殿的屋顶，沿房脊跳上珍宝馆东边的红墙，他身后的保卫人员也上了墙。四周是此起彼伏命令他就擒的喊声。他什么也顾不上了，仅凭着本能没命地顺着高墙往南跑。要说韩吉林真是快，那速度就和脱缰的野马一样，转眼就脱离了追赶人的视线。

韩吉林蹿房越脊，辗转腾挪，很快就把保卫人员甩开了。谁知刚喘了一口气，一抬头，3个消防警迎面而来。他急忙往东逃，上了紫禁城头，咧着大嘴疯狂地奔跑。3个消防警在后面紧追不舍，边追边大喊，这让韩吉林非常恐惧。

高高的故宫红墙

前两次故宫盗宝案都是发生在夜里，而且都有一场紫禁城追逐战，虽然紧张激烈，但不"拉风"，而这次就不同了，大白天的，又在临街的故宫城墙上，跑的人遥遥领先，追的人大呼小叫。城墙下走路的人都驻足观看，故宫怎么了，在搞演习吗？那场景简直是惊心动魄。不知道的还以为在拍电影呢！

韩吉林穿过东华门城楼，继续沿城墙向南疾逃。他吐着舌头拼命逃窜，速度一点也没变慢，后边追赶的消防警却越追越远了。

韩吉林忽然拐弯，绕过角楼向西猛跑。但是在他的前方又有警卫围了过来，眼看就要被抓住了，慌不择路的韩吉林却一头向城墙外跳了下去。

"别跳！危险！"消防警察发现韩吉林的意图后，出于人道主义，急忙喊道，但是已经晚了，韩吉林跳出了城墙，消失在宫墙之外。消防警跑到韩吉林跳墙处往下一看，原来韩吉林不傻，他跳到城墙外的一棵大柳树上了。尽管有茂密树枝的缓冲作用，但像失足大狗熊一样的韩吉林，落地后还是被摔得不轻。他扶着大柳树的树干挣扎着站起来，还想跑，但是过路人已经把他围了起来，嚷嚷着要送他上派出所。韩吉林一个劲地往外挤，但是他哪能挤出几百人组成的包围圈。

不一会儿，一辆警车开了过来，停在路边，上面下来两个警察，分开众人，对坐在地上的韩吉林说："行啊，哥们！真能跑啊！别坐着了，上车吧！"然后把他架上了警车。

在接受审讯的时候，韩吉林不明白地问警察："我把报警器的线给整断了，怎么你们还知道我在屋子里？"

警察哭笑不得说："那是高科技！你弄断线路也不管用！给你讲你也不懂！"

韩吉林真的不懂，他皱着眉头问："把电线整断了还管用？怎么能这样？"

警察无语了。故宫的防盗报警系统就好像给珍宝加上了一层看不见的保护圈，陈设珍宝的室内设有主动红外、被动红外、微波、超声波、声控等防盗探测器，而室外则安装了周界报警器，韩吉林刚一接触养性殿的大门，报警器就报了警。有了先进的报警器，国宝才真正的"神圣不可侵犯"了，韩吉林虽然闯进了养性殿，但脏手还没碰上宝贝，就被追得屁滚尿流了。韩吉林有些后悔地说："我要是早知道故宫里有那么多看不见的仪器，我就不去偷了。"可是，犯罪之后的忏悔已经晚了，3个月后，韩吉林被判处死刑。

我服了

时间一晃7年过去了。1987年7月，又有一个怀有邪念的人又出现了，他的名字叫项德强，他异想天开地认为，偷了故宫的珍宝就可以和他的恋人过上有钱的生活。

这一年，新疆石油管理局克拉玛依生活服务公司工人项德强虽然刚满20岁，荷尔蒙的泛滥让他爱上了一个比自己大5岁、离过婚的女人。可是，项德强的父母坚决反对这件事情。

项德强见说服不了父母，于是干脆和女友同居了。没多久，女友怀上了他的孩子。女方父母见到这个情况，便催促他们结婚。项德强只好领着她去登记。婚姻登记处的人检查了他俩的身份证和户口本，说项德强不够法定结婚的年龄，不能登记结婚。

项德强只好和女友离开。可是，女友的肚子一天比一天大，最后不得不做了流产。这件事情很快在女友的单位里传开，做了流产的女友感觉没脸上班，于是两人带上仅有的几百元积蓄离家出走了。他们计划到另一个城市重新开始生活，可是没有任何技术特长的他们根本找不到工作。一个月后，手里没钱了，他俩不得不回到克拉玛依油田。

回到家后，两个人更是饱受白眼。女友见家里人都不关心她，就狠下心来，偷了自己弟弟的 3000 元存款，和项德强第二次私奔了。

他们真的像一对幸福小夫妻一样山南海北地游玩，西安、四川、上海、山东的美景一览无余。项德强问女友，还有多少钱？女友说还剩一半。项德强说钱花光了，就一起投长江，不活了！可是，当钱所剩无几的时候，项德强变卦了，他害怕死亡。他哭着对女友保证，去北京找工作，他会养活她的。

7 月 3 日，项德强拉着女友上了开往北京的火车。到北京，他却不去找工作而是一连三天拉着她逛故宫。在珍宝馆养性殿里，项德强在陈列的乾隆皇帝用过的一把匕首前流连忘返。匕首上镶着金丝和宝石，他认为，要是有了这一把小刀，怎么也能卖几千元，就不用马上去找工作了，而且还可以在北京租一套房子住。

7 月 6 日，他们回到住的旅馆，项德强把墙上晾衣服的一根长尼龙绳解下来，说盗宝用。

女友马上阻拦："你听我的，那地方不能去，故宫要是也能偷，早有人偷了，也轮不上你！"

以前，项德强什么都听她的，可这次不同了。他推开她，说："轮不上我也得去，咱们钱不多了，不偷怎么办？反正不偷也是死，偷成了，卖了钱就能痛痛快快再玩上些日子。"

如果女友毫无余地地阻拦他，或许他会放弃冒险，但此时的女友不知所措了，眼睁睁看着他走出了屋子。当她明白过来的时候，疯了似的追了出去，拉住他："你非要去也行，我也去！一块儿给抓住，一块儿死！"

女友的话更坚定了他的决心。项德强推开女友，他拍着胸脯作保证，"明天就可以过上有钱人的生活了"。下午，项德走进故宫，然后找机会躲藏在故宫一个角落里。月亮出来的时候，他才翻进养性殿院内，走向养性殿。养性殿的大门上挂着一把大锁，他使劲推了推门，门只是晃了几下，根本打不开。什么工具都没带，这可怎么办？他也想到了打碎玻璃进去，可是又担心声音引来值班的人。没办法，他只好用力推门，但是毫无作用。

正犯难的时候，几个保卫人员跑过来站在后面看着他，这个蠢贼竟然还在那孜孜不倦地推门！好吧，保卫人员实在看不下去了，就为他彻底解决了这个难题——将他擒获。

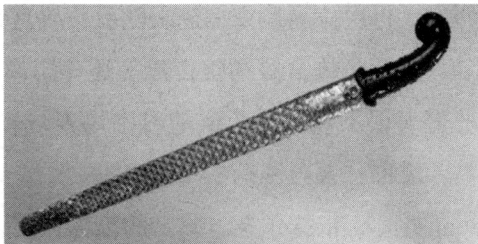
乾隆匕首

警察在旅馆里找到项德强的女友，她闻听项德强被捕后，禁不住哭了起来，央求警察："你们把我也抓起来吧！都怨我！要不是我让他和我私奔，他怎么能去偷故宫？你们判我的刑吧！"而被押在看守所里的项德强也牵挂着女友，他说他一点儿也不怨恨她，他还说，他爱她。真是一对儿！

3个月后，也就是1987年10月23日，项德强判处无期徒刑。他的一时贪念，不仅让他失去了自由，也让苦苦追随他的女友尝到了痛苦的滋味。

"大内密探零零狗"

1991年9月10日，不平静的故宫里再次进入盗贼，珍宝馆五枚汉代、近代潼关印被盗，然而，这次盗案颇有神秘之处，线索很少，也不知盗贼是怎样得手的，相关资料很难查找，此案至今未破。

自那以后，又历经20年的发展，故宫的安全防卫工作几经演变，如今形成了人防、技防、物防和犬防的四道防线。在"技防"方面，故宫在一级风险地点装有最先进的设备和至少三种复核手段；在"人防"方面，靠的是人海战术；在"物防"方面，故宫安装了大量的铁栅栏、铁窗、防爆玻璃和铁柜，并进行了加封加固或更新；在"犬防"方面，故宫的犬队担负着闭馆清查、施工工地夜间蹲守和突发事件安防等任务。

依照故宫的文物安防规定，白天，所有展厅内的文物安全由开放管理处负责。游客走后，每一展厅里的工作人员都要将自己所属区域的文物清点完毕，并且搜查所有可能藏匿人或物的角落，连消防灭火器的存放窗、枯井深处和高大展柜的顶端都要一一清查。确定没有异常后，每一区域的所有人再次拉网检查一遍。随后，故宫犬队还要对故宫的各个角落进行搜寻。为此，故宫博物院古建部还专门设计了"大内犬舍"，这些身形敏捷的警犬很不凡，在历次演习中都表现卓越，快速擒获扮演盗贼的工作人员，堪称"大内密探零零狗"。

此外，依据预案，故宫的纵深体系，已被区分成防护区、监控区和禁区。以人数来说，故宫保卫处被称作"京城第一保卫处"，超过240人，下设警卫队、技术科、防火科等8个科室。故宫每天闭馆后，还有至少1600个防盗报警器、3700个烟感探测器和400个摄像头在运行。真可谓固若金汤！

可是，如此强大的四道联防、众多先进的防盗设备以及壮观的人防体系依然未能阻止偷盗事件的发生，故宫第7次被盗贼光临，而且这一次疯狂逃亡的盗贼几乎就像一个吊着威亚拍武侠片的"飞贼"，他在故宫10米的高墙上一跃而下，毫发无伤，从容离去。

2011年5月9日凌晨，故宫博物院夜班值班人员在院内发现一名形迹可疑、身上有红色墙漆的年轻男子。当工作人员要求这名男子蹲在地上，并用对讲机向有关部门汇报情况时，可疑男子突然起身逃跑。故宫博物院紧急动用所有值班人员、备勤人员、驻院派出所民警及武警战士等进行抓捕，所有的城墙制高点都有专人把守，自然还有那些"大内警犬"咆哮追击，然而可疑男子还是逃脱了。

次日上午，在进行开馆前的例行检查时，工作人员发现，故宫博物院斋宫第二进院落的一面装饰墙上有一个破洞，位于斋宫诚肃殿的两依藏博物馆展览现场展品失窃，博物院立即向有关方面通报并向公安部门报案。经核对，确定有9件展品失窃。北京警方行动迅速，调集了大量的音视频资料，很快锁定盗窃嫌疑人。

5月11日晚7点半左右，两名身着普通服饰的男子进入丰台区三路居附近的"友联时代在线网吧"，与前台收款员窃窃私语，随后两人在网吧内"绕着过道一排一排地走"。数分钟后，两人离开。紧接着，4名男子进入网吧，将C区102号机位围住，并一拥而上，将正在上网的男子按在桌子上。整个过程很突然，前后也就一分钟，那个男子未反抗，被带走时，也没戴手铐。

经审查，嫌疑人石柏魁对犯罪事实供认不讳，随后被北京警方刑拘。石柏魁交代，其作案动机主要是因为缺钱，恰好经过故宫，突然就想盗取点文物变卖，于是就发生了凌晨被追捕的场景。

空中漫步

石柏魁，小学文化，未婚，身高约 1.58 米，体态较瘦。山东曹县倪集乡高楼村人。家庭条件很差，石柏魁只读了几年小学，性格内向，脾气暴躁，不善交际，但头脑灵活，在家期间为人本分，没有违法行为。

石柏魁十多岁的时候，受过重伤，是从脚手架上摔下来的，接近屁股的那段脊柱，被摔成三截。医生说，当时脊髓都出来了。看了好几年病，看好后，什么重活也干不了，人也长不高了！他虽然身体不好，但跑起来速度很快，爬高也很在行，身上有伤，但他很灵活。在乡亲们眼中，石柏魁是一个老实孩子。有的村民说，石柏魁唯一的爱好就是上网，很上瘾。家中有父亲母亲大哥等人，一个姐姐已出嫁。

1999 年，石柏魁外出打工，刚开始在山东东营的一家饭店干了 4 年。

2003 年前后，他到北京后在饭店里打工，因与父母关系较差，打工期间很少回家。在此期间，石柏魁掌握了一定的电工技能基础，但是他自称有惧高症，工作中不愿意登高。

2008 年，石柏魁因非法携带管制刀具，被西城广外派出所治安拘留，留有案底。同年，石柏魁在北京一建筑工地打工时，与在同一工地打工的一个女工交上了朋友。女朋友的家在河南驻马店，他俩谈 2 年多的恋爱，经常争吵。有一次，他们乘车回石柏魁曹县老家确定关系时，女方与他在旅途中因为彩礼钱闹僵，中途自己下车走了。从这以后，石柏魁成为单身汉，脾气更加内向了。

2010 年 11 月 20 日前后，石柏魁回家后跟哥哥石柏强在菏泽学了一段时间的电焊技术，新年正月十六，他和哥哥石柏强、姐夫谢照剑一起去内蒙古打工，但三人并不在同一个工地。打工不到一个月，受不了工作乏味的石柏魁就离开内蒙古，独自到了北京。从正月十六日离家后，他一直没有给父母打过电话，也没有寄东西回家。

2011 年 5 月 8 日下午，石柏魁来到故宫，他没有买票，而是利用身材矮小的优势，随着人流，从故宫一出入口的栏杆下钻进故宫。随后，他尾随着一个旅游团，开始"免费"逛故宫，并最终进入了案发地——斋宫。

据石柏魁讲，逛着逛着，他突然有了盗窃故宫文物的意图，而且很期待变卖文物后一夜致富。他观察了一下地形，决定先躲起来，等晚上趁着没人再行盗窃。石柏魁说，"我当时躲在一个小屋里面。"据了解，石柏魁所说的小屋，是诚肃殿内一个未开放的区域。

22 时左右，为了从西配房内出来，石柏魁破坏了南面的一扇窗户，从窗框里钻出。石柏魁的作案手法可谓简单粗暴。他直接用脚踹碎了展厅北面的一扇窗户，进入展厅后，他又将阻挡自己的一块用石膏板做成的装饰墙毁坏出一个宽度仅为六七十厘米的洞。随后，他将西边的玻璃展柜从顶部打碎，盗窃了其中的展品。石柏魁不仅在展柜上留下指纹，也在展台上留下了脚印。按理说，石柏魁打碎了玻璃，报警系统就应该有反应，可是保卫人员并没有收到任何警示。

5 月 9 日凌晨，已经得手的石柏魁在离开的时候突然遇到巡逻的故宫保卫处的工作人员。工作人员立即上前盘问，石柏魁谎称迷路了，没走出故宫。在工作人员用对讲机汇报时，石柏魁拔腿就跑。趁着夜色，石柏魁跳到一间房屋的顶上，顺着房顶爬上了高大的城墙。

所有的保卫人员都以为他会像其他盗贼一样在城墙上狂奔，就在大家围追堵截的时候，一个令人瞠目结舌的举动让所有在场的安保人员惊呆了。他们看到一个瘦小的身影毫不犹豫地飞身从近 10 米高的城墙上直接跳了下去，只见他在空中双腿不断做出凌空跑步的样子，最后轻飘飘落在地面，这个人随即一个翻滚，在地面上滚了几圈便站起身来，撒开大步沿着林荫路狂奔，几十秒后就消失在夜色中……

这都什么年代了，还真有飞檐走壁的武林人士吗？如果没有，天底下还有从 10 米高的城墙上跳下去摔不死的吗？就算是摔不死也得摔残！

据石柏魁说，当时他十分害怕，也顾不得别的，为了逃跑，他也没在乎城墙有多高，就跳下来了。"摔蒙了，我爬起来就跑。"石柏魁承认。最初他的确偷了 9 件藏品，但等他逃出故宫后发现，兜里只剩下 4 件藏品了，其余藏品都在他仓皇逃窜中遗失了。"把我吓坏了。"石柏魁说，"当时我也不知道是掉了还是丢了，最终出来的时候只剩下 4 个。"

可是，仅有的 4 件藏品，最后还是被石柏魁扔在了垃圾桶里。石柏魁说，天亮后，他曾经在大钟寺某地，向一名所谓"懂行"的人询问藏品的价值，但被告知"是假的"。随后，石柏魁转身就走。他边走边觉得郁闷，自己费了半天劲，弄出来的是假的，他感到"气得慌"，所以将最后几件藏品"丢在垃圾箱里"。在作案后两天里，石柏魁一直是在网吧度过的。直到警方抓获石柏魁时，他仍在丰台友联时代网吧上网。

冲动的惩罚

石柏魁成了故宫大盗，不只是偷了，而且偷成了，而且偷走的东西至今仍有三件没法找回。故宫案发后，不少人认为，一个身材瘦小的外地青年能够突破层层安保将文物带出故宫，不是他"技高人胆大"就是故宫安保有重大的纰漏。

对此，警方表示，事发当晚下雨，而石柏魁本人身材瘦小，所以能成功藏匿。同时，正是由于他并无盗窃经验，故而才敢做出从 10 米高墙上跳下的荒唐行为。

2012 年 1 月 19 日，北京市第二中级人民法院向媒体公布：2011 年 5 月 8 日，石柏魁到位于本市东城区景山前街 4 号的故宫博物院内，后潜入斋宫。窃得香港两依藏博物馆在此展出的《交融——两依藏珍选粹展》展品金嵌钻石手袋、金錾花嵌钻石化妆盒等手袋及化妆盒共计 9 件，价值

石柏魁盗窃的文物

不菲。故宫失窃案犯罪嫌疑人石柏魁被北京市人民检察院第二分院提起公诉，法院已经正式受理此案。

2012 年 3 月 19 日上午，"5·8"故宫展品被盗案在北京市第二中级人民法院一审宣判。法院认为石柏魁盗窃罪成立，判处有期徒刑 13 年，剥夺政治权利 3 年，并处罚金 13000 元人民币。石柏魁提出上诉。2012 年 5 月 14 日，在北京市高级法院二审宣判中，法院作出维持一审判决的裁定。

2012 年 5 月中旬，故宫博物院通过文化部向国务院提出开展"平安故宫"工程的建议，以彻底解决故宫存在的火灾隐患、盗窃隐患、震灾隐患、藏品自然损坏隐患、文物库房隐患、基础设施隐患、观众安全隐患等 7 大安全问题。一年之后，"平安故宫"工程得到国务院批准立项，这个雄伟的计划到 2020 年才能最终完成。

经历了这么多次的盗贼骚扰，希望在故宫全体工作人员的努力下，在众多安全工程的构建下，故宫的国宝可以永保平安，不再受到盗贼和其他安全隐患的困扰。

故宫在中国和世界上的地位是特殊的。故宫里故事多，多得数不胜数，宫殿的每一个角落都承载了斗转星移，每一件珍宝都见证过悲欢离合。故宫被世界看作历史珍本的典藏，成为中国的一张名片。看着熠熠生辉的件件国宝，怀想被武庆辉剪碎而再难复生的那页金册，痛惜之余，不由企盼社会和人心早日进步到天下无贼的境地，那历程虽然注定遥远，却值得追寻。

第九章 与狼共舞
——梁带村国宝盗案之谜

2004 年夏季的一个深夜，一道震耳欲聋的"响雷"把陕西韩城梁带村的村民们从睡梦中惊醒。随后大地一阵颤抖，橱柜里的瓶瓶罐罐发出相互碰撞的声音，这股强烈的震动让许多人都以为是地震了。村民们狼狈地跑出房屋，可是大地却没有了动静，一切又恢复了平静。人们狐疑着重新睡下，殊不知，从这一声巨响开始，梁带村的夜晚就不再宁静，几乎每个夜晚都有响雷乍起，从此改变了他们平静的生活……

奇怪的地下大嘴

陕西韩城历史悠久、文化发达。远在 5 万年前，就有人类活动的足迹，距今 6000~4000 年的仰韶文化和龙山文化遗址即达数十处。相传夏禹"导河积石，至于龙门"，自此韩城进入文明新纪元。此后，秦汉、唐宋、金元、明清各时期的遗址亦相当丰富。文献记载：西周末年，周宣王封秦仲少子康于梁山之阳，建梁伯国，但至今没有考古发现佐证，致使韩城

梁带村

始建年代无法廓清。

梁带村是一个位于韩城黄河西岸高台上的小村庄。这里土地肥沃，雨量充沛，历史上一直以来就是人类居住的理想之地。村民大多还居住在老一辈留下来的明清老建筑之中，一直以来过着闲适安宁的生活。虽然，村中央有一座古旧的城门洞和一小段旧城墙，但许多村民却并不知道它千年以前的样子是怎样的。而相隔几里外的党家村却是一个有着丰富历史遗迹的旅游胜地，每年都吸引来大批游客。相比之下，梁带村的村民们依旧面朝黄土背朝天，春耕秋收，过着自己安安稳稳的日子。

2004 年春天到来的时候，梁带村的村民在自己家的田地里种上了各式各样的庄稼，最多的就是玉米。但是，入夏以来，村子里突然来了很多陌生人。他们白天在村里村外四处晃悠，傍晚的时候就不见了。开始，村民以为他们是小偷，防范甚严，可是村子里却从来没丢失过任何东西。渐渐地村民的警惕性就放下了，对这些莫名其妙的外来客熟视无睹了。

可是，怪事发生了，最近一段时期深夜里，村民经常被不明就里的雷声惊醒，起初还以为是地震，或者是村附近有建筑施工，大家并没在意，后来从村委会得知最近一段时期附近并无建筑施工，当地也没有地震发生，这下村民就疑惑了。另外，还有村民讲最近在放羊时总能看到陌生人在高台下的冲沟中活动，原本安宁的村庄被这些旱地惊雷扰乱了生活，村民们议论纷纷胡乱猜疑着。有一些走南闯北的村民凑在一起议论着，到底发生了什么事？村中人并不清楚。

一天深夜，一声炸响惊醒了村民梁普会夫妇。老梁气恼地打开电灯，看了一下表大概是凌晨三点半，被惊醒的老梁再无法入睡，这情景最近一段时期已发生好几次了，让他百思不得其解。老梁走出屋门，顺着梯子爬到房顶。他好像看到远处有微弱的火光，空气里似乎还有淡淡的燃放鞭炮的味道。看了一会儿，见没什么动静了，老梁爬下梯子，回屋躺下。

由于担心地里的庄稼，老梁每天早饭前都会习惯性到自家的地里转转。五点半左右，老梁慢悠悠来到了自己家的地。从远处他就觉得不对劲，地里的玉米倒了很多。他快步走进田垄，"哎哟！这是哪个缺德的人干的？庄稼地里出现了一个深坑，这坑是谁挖的？我家地里难道还有什么宝贝吗？"联想到最近发生的种种事情，他觉得有必要向村委会汇报。

老梁家的地里可能有宝物这个消息在村中传开了，但村中的老人们谁都不信梁带村的地下会有值钱的宝贝。听老一辈的人说这里过去就没有什么有钱的人，而且从村志上记载，村中只有明清时代的城墙，其他再没有什么了。村民的祖辈都是穷人，即便有墓里面也是一把骨头了，没啥宝贝。

村里的人议论了一番之后，就不太在意此事了，老梁的话根本就没人相信。梁带村半夜时分的爆炸便此起彼伏再也没有间断过。很快，村子里三三两两的陌生人不断地出现在田间地头。这些人东张西望，四处转悠，尤其是夜晚更加频繁。遇上村民前去盘问，往往是一问三不知。但是口音却暴露出他们是外乡人。不久，有人在放水浇田时，发现流进地里的水神秘地消失了。难道是地下有嘴吗？人们惶惑不安。于是，那些灌溉水在地里神秘失踪的村民便在自己的地里细细寻找。喝水的"嘴"还真的给找到了，就在地下面。挖开上面虚埋的土，这张大嘴便原形毕露。它像一口井，圆圆的井口直径有半米多点，虽然已经被土填满，但是一看就是很深的洞，难怪灌不饱。

村民不知道这个洞意味着什么，实际上这是盗洞。梁带村大量种植玉米，玉米长势旺盛，像一个防护外界的屏障，在里面盗墓挖洞，外界根本无法知道，尤其是这些隐秘的盗洞更是隐蔽技术高超，连地块的主人经常来田地里都没有发现。如果不是灌溉浇水，恐怕村民永远不会发现。

"土夫子"的功课

盗洞的挖掘是非常有讲究的。首先，盗洞一定要结实，如果出现了塌方，盗墓贼自己也要把命搭进去。另外，盗洞一般只有能容纳一个人出入的宽度，高度也很有限。技艺精湛的盗墓贼不仅能克服空间狭小的局限，还能把挖下来的土存放到合理的位置。即使挖一个几百米甚至几千米的盗洞，也不会出现向洞外运输泥土的现象。那些土到底被存放在了哪里，到现在也还是个谜。有人这样释疑，最初挖出来的土，盗墓贼会运到附近抛洒，然后他们会把盗洞深挖，成为一个竖洞，然后他们在盗洞的中间高度上横挖一个盗洞，后期挖的土直接存在先前的竖洞里。也许这里面还有其他的神秘之处，只是不便于解密罢了。

　　盗墓贼一旦开始打洞，工期短则数天，长则数月。这些时间里，他们大部分时间吃住都是在洞里。旁人就是在洞口经过，也不会发现他们。盗墓贼在遇到普通规模的陵墓时，凭借着自己的经验与技术一般在一夜或几夜之间就可以完成盗掘。但是，对于那些大规模的陵墓，就不是在短时间内能够完成得了的，因此，盗墓贼们针对这种情况都会想很多办法。

　　盗墓过程中涉及的"专业技术"很多，专业盗墓贼一般采用挖洞的方式来盗墓。这种方式极为隐蔽，不易被发现。盗洞一般要尽量靠近棺椁的位置，这就要求盗墓者要对棺椁的位置详细地定位。如果棺椁靠近墓门，盗洞就要向墓门的方向打，如果棺椁靠近墓墙，盗洞就要贴近墓墙打。

梁带村出土的时尚女孩玉像

　　许多大墓建造得十分严密，有墓道石、防盗层、券顶等，但是它们也都有相对薄弱的地方，就是墓墙和墓底。因此，盗墓贼在盗掘一些大墓时，盗洞都打在墓墙或墓底处，但当盗墓贼看到墓墙和墓顶都太坚固了，实在无法下手，就采用两个竖井中加一个横井的方法从墓底突破。他们先打一段竖井，深度直达墓底，然后开凿一条横井直接通到墓葬的正下方，再向上打一段竖井，最后深入陵墓获取宝藏。通过这种方法盗掘的陵墓很难被别人看出来，墓的墙壁、顶部都没有任何的破坏，但是里面已经空空如也了。

　　盗墓贼的技术除了自创发明之外，承袭是很重要的一点。盗墓组织大多都有很严密的行规，师徒关系也很盛行，就像其他技术行业一样。徒弟入门前不仅要经过师傅的严格挑选，在拜师时还要行大礼。徒弟要严格按照师傅的话去做，直到学满出师才能获得自由。正像前面所说的，有些盗墓技术很神秘，即便到现在也不为人所知。

国宝劫影：盗案之谜

在全国形成了洛阳、长沙、东阳、淅川四大盗墓基地。洛阳和长沙"土夫子"以盗墓行为最疯狂、盗墓技术革新最快、"功课"做得最好而著称；而东阳和淅川，一个位于皖苏交界线，一个位于豫、鄂、陕三省交界处，地形复杂，古墓群聚集，形成两支盗墓"大军"。这些盗墓者就像搬家的蝼蚁一样，一点点地把深藏地下的珍奇异宝掏空了。据有关部门统计，全国每年被盗的古墓高达数万座。2000年以后，各类盗窃古墓和文物案件又进入一个高发期。

虽然村民们不知道这些洞是什么，但是梁带村的人逐渐认识到这肯定不是好人做的事。此后，村民们又发现了几处隐蔽的盗洞，这才证实，梁带村地下有宝的传言不是空穴来风。盗墓贼正是通过这些盗洞潜入地下，去进行疯狂的掠夺。

镂空金鞘玉佩剑

韩城遗梦

老梁是最早关注这些盗洞的，平时他就爱看小说，什么武侠类、恐怖类、文学类的小说他都喜欢看，尤其是当时流行的盗墓类小说他更是爱不释手。他猜测这一个个大洞、小洞肯定是有人为了盗墓打的探孔和盗洞。他不再犹豫，立即骑上摩托车，这次他直奔市里向有关部门反映了情况。老梁直接找到了韩城市文物旅游局，向局领导王仲林反映了这个情况：村里的玉米地里出现了许多奇怪的洞，晚上还发现有可疑的人在地里面活动，玉米地里有亮光晃动，而且还有爆破。

王仲林毕业于上海复旦大学文物博物馆专业，责任心抑或专业兴趣，使他对韩城的文化遗产以及周边情况了如指掌。梁普会反映的情况，立即引起了王仲林的高度重视，他向上级部门汇报了此事，很快，王仲林被指派组织人员对此事展开调查，一支由文物部门组成的3人小组开进了梁带村。

梁带村地下墓穴出土文物

　　市里来了人，这一下惊动了村里，很多村民也自愿参加到探查的队伍中，调查的结果令人震惊，在方圆几十亩的玉米地里都发现有探孔。这一结果不得不令他们又扩大了探查范围，结果又在高台地下的冲沟内发现了几个大大小小的盗洞，有六七个盗洞口基本上有 80~100 厘米的直径。调查人员据此推断，夜间那时时响起的爆炸声应该就是盗墓贼在炸盗洞，日间村民们看到的陌生人很可能是盗墓贼在观察地形。这些盗墓贼是否进入了墓里，是否盗宝成功，调查人员无法断定，因为盗洞已经被土填满了。

　　王仲林发现这些盗墓贼在梁带村挖出的盗洞技术是超一流水平的。竖井的直径半米多宽，深十多米，地面上一点余土也没有，洞口上有极强的伪装和加固措施，如果不是浇地的水流进洞里暴露了目标，一般人根本找不到。然而，除了已经被发现的，这样的盗洞还有多少，梁带村的村民们无法确切知道。但是，他们已经清楚地意识到，老祖宗一定在这里留下了什么东西，所以才会让盗墓分子如此猖狂。难道说梁带村地下真的埋藏着什么宝藏？

　　根据村中老人的回忆，梁带村的历史也就在六七百年。六七百年的历史对于一个村庄来说并不算短了，但是对于文物工作者来说可不这样认为。看着这些盗洞，考古工作者突然意识到，韩城梁带村的地下极有可能有韩侯城古城的遗迹。韩侯城遗址指的是周灭商后在第二次大分封时，周成王把武王的儿子封在了今天的韩城，古时称"韩原"的地方，故称"韩侯国"。因此今天的韩城，堪称"三千年的古邑"。根据考古调查，在韩城古城的南面也就在十公里芝川那一带也发现了古代梁国城池的遗址。

虽说韩侯城的历史很悠久，地上遗存的文物古迹也不少，但历史上从未发现过古墓和王陵，如果梁带村地下真有古墓，那它会是什么时期的又是哪一国的呢？现场考古取证表明很有可能是梁国的墓地。

尽管政府文物部门已经进入梁带村调查，但是梁带村的夜晚依然不平静。成批的来历不明的陌生人依旧在村子里晃悠，有时候这些人还互相打斗，村里人惹不起这些流里流气的外地人，只能任由他们胡作非为。

夜半枪声

王仲林是韩城市文物旅游局副局长，局长刚刚离任，这个时期他正代理局长工作，发生这样的事情，让他感到前所未有的压力。

位于黄河中游地区的韩城，地理环境独特优越，是人类生存发展的天然摇篮。早在人类进入文明时代的前夕，这里就活跃着大量的原始先民，是最早接受文明曙光的地方。因此，古文化遗存相当丰富。从旧石器时期到清朝末年，历经的各朝各代均有文物出现，未有缺环。已经发现的各类古遗址、名人古墓、古建筑、古寨堡共计 427 处，各类馆藏文物5000 多件……

令人困惑的是，在 1988 年和历次的全国文物普查中，韩城尚待发掘和保护的古墓、遗址中都没有梁带村的名字。在对梁带村的考察过程中，也没有发现有价值的东西，所以梁带村被认为是个"无宝之地"。可是，这些突如其来的盗墓贼意味着什么呢？而且人数之多，人员成分之复杂，都是很罕见的。王仲林思前想后，只有一个可能，那就是梁带村地下肯定有文物。这些盗墓贼别的本事没有，但是他们有充足的资金和人力，一旦盯上哪个地方，就可以全力投入盗挖。很多古墓都是在盗墓贼盗墓之后，政府才组织人力被迫发掘的。联想到此起彼伏的爆炸，联想到邻省山西、河南意外发现的古墓群都在一月内被盗掘、哄抢的事实，王仲林感到了责任的重大。

实地调查的情况也令王仲林吃惊。根据已经发现的盗洞看，来梁带村作案的专业级盗墓贼不在少数，职业的敏感性告诉他，能把这么多盗墓贼吸引来的，绝不是一般的探穴和试挖，一定有着更大的背景和明确的目标。他宁可信其有，也不能让国家文物在自己手上流失。

王仲林判断大概有数十个盗墓团伙盯上了梁带村。他虽然暂时找不出梁带村有古墓的任何依据，还是做出了安排值班的决定。他组织了两个人的文物稽查巡逻队进驻梁带村，为了有效控制局面，王仲林还动员村里人员也值班巡逻，采取惊扰的战术，吓跑盗墓贼。他们日间排查，夜间蹲守。虽然不能制止，但是可以把他们惊走，让他们做不成案。

最初的半个月效果还可以，可是很快这个方法就不大奏效了。盗墓贼一看文管所的人都是虚张声势，就像老虎破解了"黔之驴"中驴的谜题一样，就不再把文物稽查巡逻队放在眼里，变本加厉，频频出手。作案团伙由五六个一群，发展到十几个一伙，他们身带凶器，出手狠毒，常常在夜间蛰伏在庄稼地里，巡逻人员却成了暴露在明处的目标。

9月前后，爆炸声又此起彼伏地在梁带村的夜空中响起。王仲林心急如焚，四处求告。他知道，没有强大的国家机器作后盾，难以控制局面。正在两难之时，昝村镇派出所打来声援电话：只要梁带村出现情况，接到报告他们会立即赶来。有了派出所的支持，巡逻队这回有了主心骨。

深秋的一天夜晚，事先接到报告的两名派出所警察，前来与梁带村的两名文物稽查值班人员一道巡逻。凌晨时分，果然在农田里发现了一个盗墓贼。在实施抓捕时，被扑倒在地的盗墓贼操着山西口音大声喊叫，一下子招来了八九个举着探铲和铁棍的同伙。都是一群亡命之徒，而且敌众我寡，就在这些人穷凶恶极地向巡逻人员包抄过来时，一名警察掏出枪，朝天扣动扳机，尖厉的枪声划破夜空，同时他大声喊道："队长，我们在这里！"

山西人听懂了陕西话，同时也被枪声震慑，掉头逃跑。枪声也使村民们压抑已久的情绪得到了释放，他们纷纷走出屋，大声呼喊："北边有盗墓的，大家快去呀！"一时间，人们纷纷举着铁锨、锄头，打着手电，向村北边跑去。村里的呐喊、手电光和脚步声，让盗墓贼看到了曾经在电影里见过的场面，他们吓坏了，只好丢下盗墓工具，抱头鼠窜。

从梁带村到昝村镇派出所有不到 10 公里的路程，群情激昂的村民们怕盗墓贼在半路上抢走同伙，又自发地开着拖拉机护送，把盗墓犯送到了派出所。

这是几个月来，文化稽查队和梁带村村民们最扬眉吐气的一天。

猫抓老鼠

根据盗墓贼的交代，梁带村地下确实有文物，而且价值不菲。在接下来市政府组织的案情分析会上，大家一致认为，值不值得保护的问题已经不重要。梁带村的反盗墓工作拉锯战进行了这么久，盗墓贼还是不顾一切地前赴后继，说明梁带村地下一定有古墓，而且极有可能已经有重要的文物流向市面，这才引得众多的盗墓贼蜂拥而至。

究竟是什么样的古墓？结论当然要请专家来下。于是，文物旅游局给省里送了报告上去，接下来就是等待结果了。

市政府明确的态度给梁带村的形势带来了改观，文物稽查巡逻队不仅有了警方的支持，还配备了少量武器，遇到盗墓贼可以先鸣枪示警。文物保护部门也将办公现场搬到了梁带村。巡逻队的战术由骚扰战转为主动蹲守和伺机出击。自从市政府分析会后，巡查的力度加强了，盗墓分子虽然频频骚扰，却再也没有从梁带村得到一件好东西。但是，这些盗墓贼也很狡猾，平日里身上也不带任何和盗墓有关的东西在村外田地里查看，即便是警察上前询问，他们也有的是借口。因为没有真凭实据，警察也不能把他们怎么样！

很快，秋天过去了，冬季来到。冬季的夜晚寒气逼人，半夜出动的巡

梁带村出土文物铜鬲

逻队，必须保证每隔一段时间，就要将村里的每一块地，如过筛子般走上一遍，辛苦和危险几乎伴随着队员们的分分秒秒。从夏季到隆冬，王仲林知道弦绷得再紧也难免有松懈的时候，他不能眼看着坚守了半年多的阵地在疏忽中丢失，所以常常在下班以后来到梁带村，给大家鼓劲儿打气。他告诉大家说："咱们就好像是猫一样，贼就是老鼠，不抓老鼠就是失职。"

回忆那段日子，王仲林十分歉疚地说："天气那么冷，时间那么长，答应的经费无法到位，没有防护，没有装备，我能够给予看护人员的，除了一些鼓励的话，就是请大家吃顿饭，买上些烟和酒，帮助他们解乏、御寒。"

在王仲林的谋划下，根据已经发现的盗洞情况，他将作案人分为三类：炸出的竖井既深又直，伪装后地面看不到痕迹的一流专业盗墓者，多以山西晋中与河南人为主；炸药用量大，洞口炸出一个大窟窿的，为二流准专业级盗墓贼，是韩城与外地人内外勾结的产物；三流非专业盗贼，多为当地农民，用人工挖掘。根据三种人的不同情况，他们制定了不同的工作方法和巡逻时间。实践证明非常奏效。

说真的，这些盗墓贼真不是吃素的，他们是一个严密的组织，有非常强的实力。他们不仅分工明确、工具完备，很多人还都掌握了专业的考古知识。盗墓活动的盛行，产生了这些专业盗墓队伍和技术。盗墓前，他们要使用探针和金属探测器来探测，把金属探测器埋入地下半米深，5分钟后就能知道金属的位置。找到古墓后，一般会用"洛阳铲"在墓葬周围密集式"扎针"，以确定古墓的长度和宽度，并根据洛阳铲取上来的土判断该墓是哪个朝代的，是平民墓还是贵族墓，是"生坑"（未被盗过的墓）还是"老盗"（已经被盗过的墓）。

这些有组织的盗墓团伙都有代号。"一锅儿"，指盗墓团伙的全班人马；"掌眼"，指团伙中核心人物，不仅有寻找古墓的本领，也有鉴别文物的能力；"支锅"，指盗墓行动的负责人，类似于包工头，负责筹措盗墓所需的资金、设备等；"腿子"，指盗墓活动中的行动人员。"支锅"在盗墓过程中扮演着"项目经理"的角色，负责探寻墓地的具体位置，以及确定里面是否还有文物等。"支锅"不在现场，"腿子"就有绝对的权威。"下苦"，多是农民工，从事挖掘工作。通常情况下，即使"支锅"盗取一座古墓的利润达到上千万元，一个"下苦"也只能得到几百元到几千元报酬。

冬去春来，梁带村就像一个磨盘，许多人围着它打转，表面上一团和气，谁也奈何不了谁。随着天气的回暖，盗墓贼的胆子又大了起来，他们卷土重来了。

盗墓贼大会

2005 年 2 月 15 日凌晨，9 名脸蒙黑布，手持土枪的人出现在梁带村的田地里，他们小心翼翼地避开巡逻人员，潜入一块早已勘察好的土地。这些人手段十分高超，用的照明设备也很先进，光线直接照在地面，从远处很难发现。两个多小时后，他们就掘出了一个深坑。当 5 名巡逻队员走近这片区域时，一个从来不抽烟的队员忽然说："空气里有香烟的味道，有盗墓的！" 5 名巡逻人员迅速散开，大区域搜索，明晃晃的手电光让望风的盗墓贼心慌。搜索了 20 多分钟，一个巡查队员发现了异常情况，大家很快聚拢过来。巡查队员越走越近，这些盗墓贼才不甘心地从地下爬上来逃跑。巡逻队在后面追赶了一会儿，无奈这些盗墓贼翻山越岭如履平地，瞬间就消失在夜色中。

两天后，又有 3 名盗墓贼出现，但是没能得逞。此后，盗墓贼开始更多地出现，让巡逻队难以招架。

3 月 5 日晚，两批盗墓分子乘坐 4 辆小轿车悄悄驶入梁带村附近的公路，他们互不干扰，各自进入事先看好的地方准备作案。他们的行为很快被巡逻人员发现，昝村镇派出所立刻派出警力，2 名干警及时赶到现场，但追到党家村，还是让盗墓分子逃脱了。

3 月 7 日凌晨，盗墓贼乘坐两辆小轿车再次进入该区域作案，在巡逻人员前去组织村民抓捕时他们又及时逃离现场；

3月9日凌晨，3名犯罪分子又一次乘车前来作案，这一次他们被埋伏好的警察、市稽查大队和巡逻人员一起抓了个正着。

3月17日凌晨2点，两个盗墓团伙共14名犯罪分子再次进入该区域作案，公安、市稽查大队和巡逻人员组成的5人巡逻队发现了他们，在进行抓捕时，遇到了盗墓贼的武装反抗。盗墓贼不仅手持凶器，而且还有足以致人死亡的土枪，在正义的威慑下，两名犯罪分子被抓获，其余的盗墓贼见势不妙，当即逃跑。在搏斗中，一名文物稽查队员受伤，好在没有生命危险。

梁带村出土的玉制文物

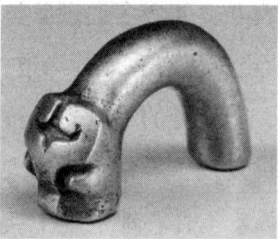

梁带村出土的金龙

梁带村出土的玉猪龙

不到两个月的时间，只有5个人的巡逻队就遭遇了十几起有组织、有计划的团伙盗墓，但是他们忠于职守，没有让盗墓分子得手。眼见着好东西拿不到手，犯罪分子心急火燎，他们不断地变换着作案时间与手段，不仅选择雨雪天气作案，还对我方人员展开了攻心战。他们收买相关人员的亲属、乡党前来说和，见金钱收买不成，又威胁恐吓说，"如果不放一马，小心你们的老婆孩子。"

犯罪分子何以这般猖狂？据被捕的盗墓贼交代：黑道上传说，这里有西周的青铜器和玉器，西安、北京、上海的文物贩子已经发话，只要是韩城梁带村的东西，拿来就收。所以，全国有头有脸的盗墓贼就像"开大会"一样，都到梁带村来了。虽然大家相安无事，但是行内还是有行规的，自己干自己的事，自己挖自己的洞，自己得自己的宝，自己出自己的货。盗墓团伙里谁得手了，相互之间一般都不打听，除了他们的上线掌握这一消息。

事实确实很严峻，梁带村的情况已经超出了

文物稽查队的掌控范围，面对方方面面的压力，一个由小小的文物旅游局牵头组成的巡逻队究竟能坚持多久，王仲林心里也没有底。即便派出所也给予了警力支援，但是杯水车薪，而且派出所的警力也十分紧张，许多警察都是长年累月没有休息日，大家轮流在梁带村巡查，给文物旅游局强大的支持。如果没有多方面的配合，小小的梁带村早就被盗墓团伙突破了。

群众的力量无限大

就在王仲林一筹莫展的时候，省里终于传来好消息，陕西省考古研究所派出了专家孙秉君前来调查，尽快给梁带村一个说法。

2005 年 3 月 30 日，孙秉君一来到梁带村，就看到了这里紧张的局势，盗墓贼横眉立目地在村子里进进出出。村里的打麦场，是个屡次被盗墓贼骚扰的地方，听说先是 3 个人在这里打探铲，被巡逻队的枪声惊走后，过了一会儿又回来了十几个人，而且两天以后这些人继续在此寻机作案，直到在这一连抓了 8 个盗墓贼，这个打麦场才安宁下来。

在王仲林的陪同下，孙秉君首先来到这里。看热闹的村民挤满了打麦场，大家议论纷纷，都希望能挖出宝贝，引起省里的重视，将这里好好保护起来。当孙秉君的探铲第一次与梁带村的土地亲密接触时，全场寂静无声，仿佛在进行一个隆重的仪式，深深地被这个场景打动……

洛阳铲提了上来，孙秉君凝神细看，他庆幸自己来得早，否则将铸成千古遗憾。他边探穴边记录，首先确定了打麦场下面的车马坑，这是一个好迹象。经过一周的调查，孙秉君又找到了车马坑周边级别更高的大墓，确认年代久远，保存完好。孙秉君对王仲林说："你们做了一件了不起的事啊！"孙秉君返回省里后，陕西省考古研究所闻风而动，报告很快就送交到国家文物局。

2005 年 4 月 20 日，由孙秉君带领的考古队正式进入梁带村，对车马坑和 19、27 号两座大墓开始发掘。对于考古队的到来，反应最强烈的是盗墓分子，眼看着快到嘴边的肥肉怎能让别人抢先？于是，盗墓贼做出了疯狂之举，他们开始了更加嚣张的盗抢。梁带村的又一轮战争，在声声爆炸中拉开了大幕。巡逻队与盗墓贼的相持战进入了白热化，盗墓贼就像一群苍蝇，赶走这几只，又飞来那几只。巡逻队在多个路口严防死守，在高台设置瞭望哨，在田野里拉网式巡逻，什么轰麻雀战术、人海战术、回马枪战术……应运而生。盗墓团伙也想尽一切办法继续盗墓，他们采取声东击西，做假盗洞迷惑巡逻队，持刀恐吓，武装对抗等手段。可是，在人民大军群起响应的大潮中，盗墓活动虽然猖狂，却难以成功。

这天中午，梁带村生产队长去自家的地里看庄稼，不经意发现了一个伪装过的盗洞，急忙跑到巡逻队报告。文保人员在生产队长的带领下赶到地里，在炸开了的盗洞口上，起获了一件裹着泥土的青铜器——簋。梁带村有青铜器的传闻终于被证实了，它的出现说明，梁带村的地下墓葬，年代起码要早于 2000 年以前。大家在高兴的同时一起分析了案情。

这个盗洞明显属于二流盗墓贼所为，可能是刚刚将赃物拿上来巡逻队就过来了。带着赃物逃跑，一旦被抓，肯定会获刑，空手被抓顶多拘留几天，盗墓贼当然选择后者，不然人赃俱获就麻烦了。既然他们有内线，短期内肯定会再次回来取货。据此，文物稽查队制订了蹲守抓捕的计划。果然，第 11 天，取货的人来了。这些人很有耐心，他们匍匐在相邻的地里观察了很久，等巡逻人员离开后，才悄悄地分两路向队长家地里爬行。但是，狐狸再狡猾也斗不过好猎手。就在他们取走文物的时候，埋伏的队员包抄过来，对抗很激烈，一番搏斗，当场擒获一名盗墓贼，两人逃跑后被抓回。

为了彻底打掉这些盗墓团伙，维护当地治安，市公安局也做出了主动出击的决定，采取对当地可疑人员使用侦察手段的方法，决心从源头上控制局面。

梁带村出土的玉制饰物

高手在民间

20世纪90年代以来，盗墓发展已经完全是集团化、专业化、智能化。有些团伙已实现盗掘、贩运、倒卖、走私出境一条龙，环环相扣。盗墓与文物走私结合在一起，挖掘出来的文物很快通过走私渠道流到国外。

不同种类的盗墓者有不同的出货途径，大体上可以分两种。低级盗墓者一般只是当地的农民或者好吃懒做的小毛贼，他们在干农活或在野外转悠的时候偶然发现了古墓，利欲熏心，组织一帮当地人挖坑盗墓。像古墓群分布较多的河南就有一批这样的农民盗墓大军。他们挖出东西后很难找到买家，只有将文物藏匿在家里，在本省的古董文物市场里打探消息，慢慢找买主。即使找到买主，也往往以很低廉的价格卖给文物贩子，进入流通市场，先是县里、市里，然后慢慢倒腾到北京，摆在某个古玩店的红木橱子或保险柜里。这些北京的卖家会给这些文物的出身编一个动人的故事，于是文物的身价倍增，和当时出土的古墓再无半点关系。

另外一种则是专业化盗墓者后面的"东家"。这种东家对盗墓者也是有要求的，一般他们只找那些比较专业的、有成熟盗墓经验的资深盗墓贼。他们之间只是一种雇佣关系，古墓也是东家自己负责寻找，在盗墓之前双方就谈好佣金。盗墓贼只负责把东西从墓里挖出来交给东家就算完事了。这种躲在后面的"东家"一般都是神通广大的人，可能是个手眼通天的大人物，也可能是浸淫古玩行当多年的老江湖；出货以后，一般不通过国内的古玩行倒手，直接就想办法倒到境外了。据说他们不仅能把各种关

梁带村出土的旷世奇珍

梁带村出土的精美玉器

系协调好，手里甚至还有假牌子，以便于在关键时刻蒙混过关。

经过上述两种出货途径的洗礼，很多被盗文物摇身一变有了"合法"身份，甚至堂而皇之地出现在知名拍卖行的展台上。

市公安局这次的部署就是为了揪出隐藏起来的幕后黑手，从而彻底扫除隐患。监听、布控卓有成效，很快就将多个线索锁定在一个声音上，"要弄就弄大的。"这是一个与外地文物贩子多次通话中反复出现的声音。这个人是谁？他住在哪里？公安部门对此展开了调查。

5月20日，昝村镇派出所所长接到一个匿名电话，说西安来的一伙盗墓贼正准备武装抢劫打麦场下的19号大墓，而且他们配备有手枪和微型冲锋枪。这个消息如一枚重磅炸弹，让所有人立刻紧张起来。几个联合执法的部门紧急召开会议商量对策，并快速将重大情况报告送交省市委领导。

梁带村东临黄河，北邻一条巨大的黄河冲沟，只有西南方向有路。村口两里远的路桥下，有一条尚未投入使用的高速公路，这里时常停着盗墓分子接应的汽车。由于刑法规定，必须人赃俱获才能定罪，所以，盗墓分子敢钻这个法律空子。于是，这条路上常常上演超越生命极限的"生死极速"飙车，便也不足为怪了。今天的情况却不同，考虑到群众的生命安全，我方的策略是：加强警戒，鸣枪示警，阻止作案。

晚11时，公安局、派出所、文管所、巡逻队四方蹲守巡查，近4个小时过去了，没有任何动静。按照以往的惯例，这一晚应该是平安度过了。可就在这时，高速公路方向响起了枪声。一阵刺耳的轮胎摩擦地面的噪声后，一辆轿车从北桥飞快地闯过来，随后听见有人喊："过去了，快点追！"等大家上了车再追时，那辆车已经冲下高速公路，向老公路上一拐，便淹没在一片村庄的暗影里。

虽然这伙盗墓贼逃跑了，但是公安局也锁定了监听到的目标。目标人外号"小黑子"，住在离梁带村几里外的另一个村子里，别看他游手好闲没有正当职业，却总是一身名牌服装，一根长长的马尾辫垂在脑后，俨然一副艺术家派头。小黑子不仅在电话里露出马脚，生活上财产来源不明也

梁带村考古发掘现场

露出破绽，对他的监控和抓捕果然得到了意想不到的收获。公安局当即决定抓捕"小黑子"，先行控制住梁带村盗墓群体的这条主线。

"小黑子"虽然猖狂，几个回合就败下阵来。据他交代：疯狂的盗墓贼在距离很远的黄河冲沟里正在挖掘一条地下通道，直通打麦场 19 号大墓。他们的手法极为隐秘，距离考古队自上而下发掘的 19 号大墓只有 20 米远了。这伙盗墓贼不仅胆子大，而且勘测技术一流，在地下长时间挖洞，不仅没有破绽，没有挖错方向，而且速度也惊人。

小黑子的交代如同一颗重磅炸弹，让在场的人无不震惊。因为考古队是真正的发掘，使用的工具是刷子和小铲，进度缓慢，而盗墓贼用的是锄头和铁锹，两者的速度自然不能相比。可想而知，20 米的距离对于那些盗墓贼来说，只要一个晚上就可以把大墓盗空了。

情况紧急，市公安局立即作出了紧急部署，蹲守和布控在严格保密的情况下拉开了大网。抓捕工作短暂而迅速，除一人逃跑外，7 人当场归案。市公安局乘胜追击，又一举清扫了当地的内应人员，令外地盗墓贼再也不敢造次。梁带村恢复了往日的安宁。

血肉长城

扫除了盗墓贼的干扰，19号大墓在宁静的气氛中，渐渐撩开了美丽的面纱。先是青铜器，后是红玛瑙和玉器，数量之多，保存之完好，令许多考古工作者称绝。更令人兴奋不已的是，这个墓葬的年代要早到西周晚期至春秋早期，个别出土玉器的制作年代更早至商代。中国的盗墓历史已经延续了3000年，在这样漫长的历史时期中，梁带村的墓葬没有毁于盗墓贼之手，的确是一个奇迹。

孙秉君诙谐地说："刚来梁带村调查时，盗墓贼就跟在你身边，故意找碴。他们每天晚上要来好几拨子，爆炸声不断，没有点胆子早就撤退了。当玉米长到一人高时，只听爆炸声，就是找不到人和盗洞。巡逻队只能排着队，举着手电一行一行地搜。我们在明处，他们在暗处，而且，多数队员手中只有木棍。一年多的时间天天如此，一点也没有松懈，这本身又是一个奇迹。"

从文物稽查巡逻队进入梁带村那天起，到彻底扫清盗墓贼团伙，他们用血肉长城与盗墓贼整整对峙了395天。如果没有专业的常识和敏感性，没有责任心与坚强的意志，没有牺牲奉献的精神，是根本守不住这片墓地的。这一保护地下古墓的时期，梁带村创下了三个全国之最：第一，抓获的盗墓贼最多（数百人）；第二，缴获的炸药（70公斤）和盗墓工具最多（装了一屋子）；第三，保护下来的墓地最完整（历史上从未被盗掘过）。

2005年12月16日，陕西省文物局、韩城市政府联合召开了一个新闻发布会，第一次向社会公布了梁带村重大考古发现，此次考古被评为"全国十大考古发现之一"。整个墓地略呈长方形，东西长600米，南北宽550米，共发现两周时期墓葬1300余座、车马坑64座。其中诸侯级大型墓葬7座、士大夫级中型墓100余座，一般平民墓1100余座，整个墓葬群占地面积达到33万平方米，是全国保存的最完整的一处遗址。考古发掘同时表明，韩城梁带村一带为芮国所在。这几座墓几乎个个是诸侯国君级大墓。M27号大墓的墓主人被初步推断为芮桓公，M26号大墓为芮桓公的夫人"中姜"，而后续发掘的M28号大墓被推断是又一代芮公，M502号大墓为一代国君的夫人墓。

在已经发掘的6座贵族大墓中，发现了许多前所未见的遗迹现象。同时清理出金、铜、铁、玉、石、漆木器等各类珍贵文物3000余件，其中许多精品或为国内（或省内）首次发现，或等级最高，或年代最早，或保存最好，皆有极高的观赏和研究价值。像首次见到两周之际的金剑鞘，首次见到的三角形两面刃鋬（音同"琼"）戈，目前国内年代最早的青铜錞于，国内等级最高的梯形牌饰，七璜联珠玉组佩，国内年代最早的漆木建鼓等。

此后的两年多时间，韩城梁带村墓地考古发掘就出土了2000多组、上万件珍贵文物，让陕西省考古研究院韩城考古队兴奋不已，在这批罕见文物中，有我国西周东周之际的金剑鞘，有目前发现的国内最早的乐器青铜錞于，有国内首次见到的青铜兵器三角形两面刃鋬戈，有国内年代最早的宫廷乐器实物"建鼓"，有距今5000年前的玉猪龙，还有比秦始皇兵马俑早500多年的木俑实物⋯⋯

如果没有梁带村村民的警惕，如果没有王仲林等人的负责态度，这些芮国国宝恐怕早就被盗走了。此外，还有一些无法确定的事情，就是在警方彻底打掉这一大群盗墓团伙之前，梁带村究竟有多少文物已经被盗墓贼盗走是个谜。如果梁带村地下没有文物被盗，没有文物流向"黑市"，何来这么多疯狂的盗墓贼！一定是有些人见识到了地下的文物，知道了其价值，才会发出"悬赏"，让那些亡命之徒为其卖命。事实上，在盗墓活动

玉回首凤鸟

金肩饰

中最常为外人所津津乐道的盗墓贼，实际上，这些钻进土里干活的人仅仅是以"盗墓"为中心的整条利益链的最低端环节。那些高高在上，一有风吹草动就对下家切断一切联系的买家才是真正的"盗墓高手"。

近年来，我国文物保护的立法进程不断加快。2009年，《文物认定管理暂行办法》正式施行。新的法律法规对于文物保护工作所起的作用正在日益显现，但我国目前的古墓保护相关法律法规的立法工作却明显滞后。《中华人民共和国刑法》的内容究其根本来看，都是事后惩处，犯罪类型也多是结果犯，都是在文物、古墓等遭到破坏后的责任处罚。而对于不符合文物保护安全管理制度的行为，包括不符合古墓保护要求的行为，处罚较轻。

如何真正做到有效保护，还是需要多方面配合的。最好的保护办法是建立健全文物保护单位人防系统；建立和健全三级文物保护网，把田野文物安全，古墓葬安全保护纳入综治工作职责范围；加大科技保护古墓葬的投入，建立起古墓葬的科技保护防范设施体系；对文物保护当中的问题，层层实行问责制。有了真正的防范和保护措施才是最重要的，打击盗墓行为仍然是一项长期而艰巨的任务，需要全社会共同来面对。